Mário Mascarenhas

Brincando com a Flauta Doce

Melodias Fáceis

© Copyright 1978 by IRMÃOS VITALE S/A. IND. E COM. São Paulo - Rio de Janeiro - BRASIL
Todos os direitos autorais reservados para todos os países - All rights reserved.

304-M
IRMÃOS VITALE
EDITORES
BRASIL

Dados Internacionais de Catalogação na Publicação (CIP)
(Câmara Brasileira do Livro,SP,Brasil)

Mascarenhas, Mário
    Brincando com a flauta doce : melodias fáceis : 8ª série / Mario Mascarenhas. -- São Paulo : Irmãos Vitale.

    1. Flauta doce - Música - Métodos 2. Flauta doce - Estudo e ensino I. Título.

ISBN 85-85188-05-7
ISBN 978-85-85188-05-4

96-2184   CDD-788.367.07

Indices para catálogo sistemático:

1. Método de ensino para flauta doce : Música   788.367.07

PREFÁCIO

Meu caro amiguinho

Vamos aprender Flauta Doce, brincando? Você sabe que todo o mundo está tocando Flauta Doce não só porque está muito na moda como também porque é um belo instrumento. Todos os Conservatórios e Escolas do Brasil e do mundo inteiro convidam os alunos para tocarem este instrumento como teste vocacional. Com a Educação Artística nos Colégios então é que ela tomou mesmo um grande impulso.

O presente livro foi feito para você brincar de tocar Flauta Doce. Você não acha uma coisa muito agradável aprender brincando?

Este álbum de melodias é uma experiência para ver se você gosta mesmo e se tem vocação para música.

Se conseguir tocar todas as peças de «Brincando com a Flauta Doce», então será um herói, pois passou pelo teste vocacional, e deverá prosseguir, levando o estudo a sério.

Este livro é muito fácil
Você estuda e se distrai
É só tapar os furinhos
E soprar que a música sai!

Você escolheu um instrumento de som tão puro, tão doce, que os anjos tocavam-no para fazer o Menino Jesus dormir no seu bercinho de palha, e é por isso que a Flauta é um instrumento abençoado por Deus!

MÁRIO MASCARENHAS

escala de dó maior
descendente

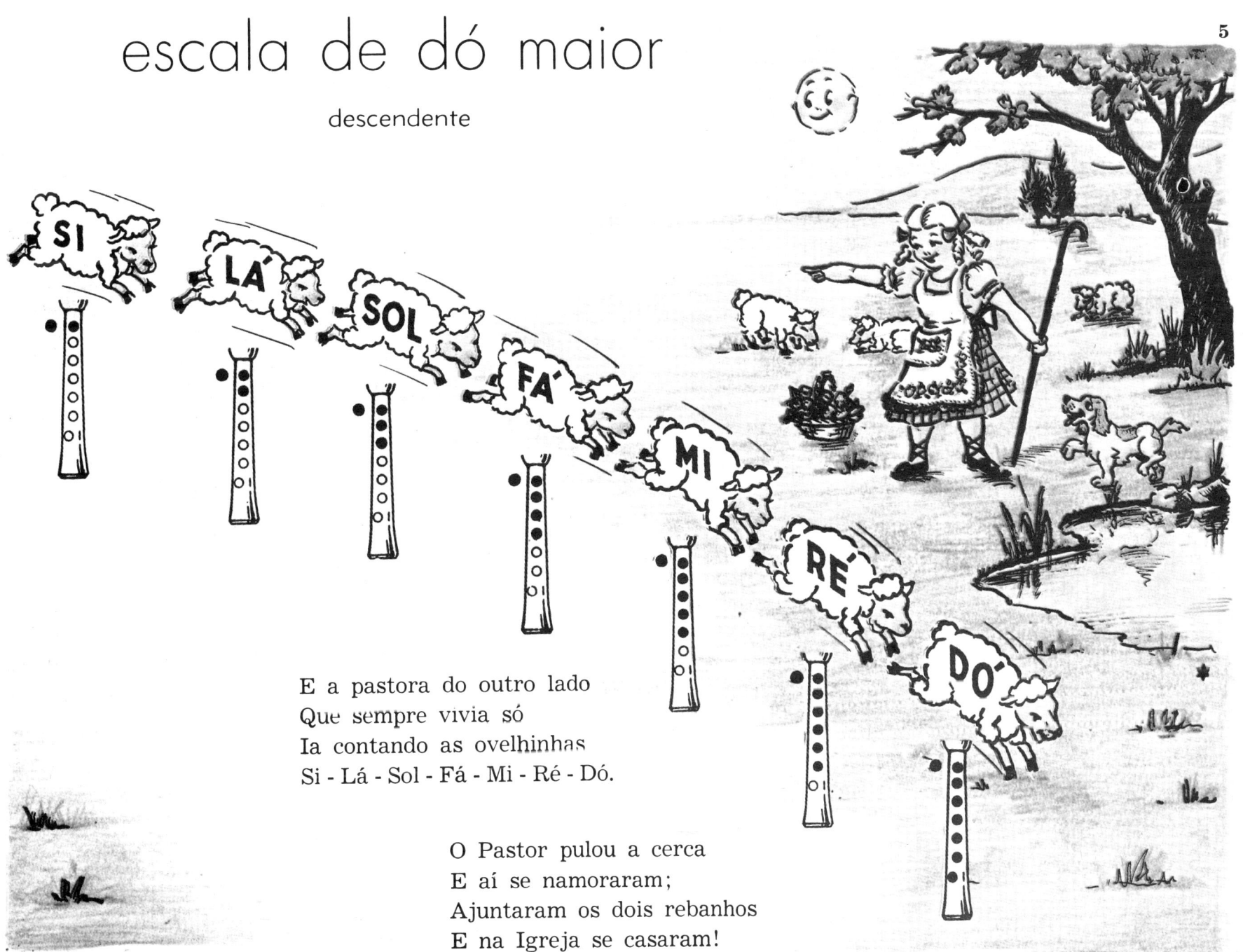

E a pastora do outro lado
Que sempre vivia só
Ia contando as ovelhinhas
Si - Lá - Sol - Fá - Mi - Ré - Dó.

O Pastor pulou a cerca
E aí se namoraram;
Ajuntaram os dois rebanhos
E na Igreja se casaram!

o casamento do pastor com a pastora

Foi lindo o casamento
Com o rebanho acompanhando
O Pastor tocava a Flauta
E a pastora ia cantando!

como tocar pensando nas ovelhas

Faça de conta que você é um pastor e que tem um punhado de ovelhas na cabeça, cada uma representando uma nota, com a flautinha embaixo, mostrando a posição certa.

Decore as posições com os nomes das notas de cada ovelha, e peça ao seu professor para lhe ensinar as notas que estão no «Casamento do Pastor com a Pastora». Aprenda depois as notas e os Sustenidos e Bemóis da página 9 e você verá com que facilidade tocará todas as músicas deste livro.

Enquanto isso, peça a ele para lhe ensinar bastante Teoria Musical, porque quanto mais você souber, mais músicas difíceis poderá tocar. A Teoria Musical é a base para a formação de um bom músico.

Tome bem conta de suas ovelhas, e não durma, para que elas não fujam, e estude bastante que você vai «Chegar lá».

Eu lhe dou esse conselho
Porque também fui pastor,
Sonhava com as ovelhas
E hoje sou professor!

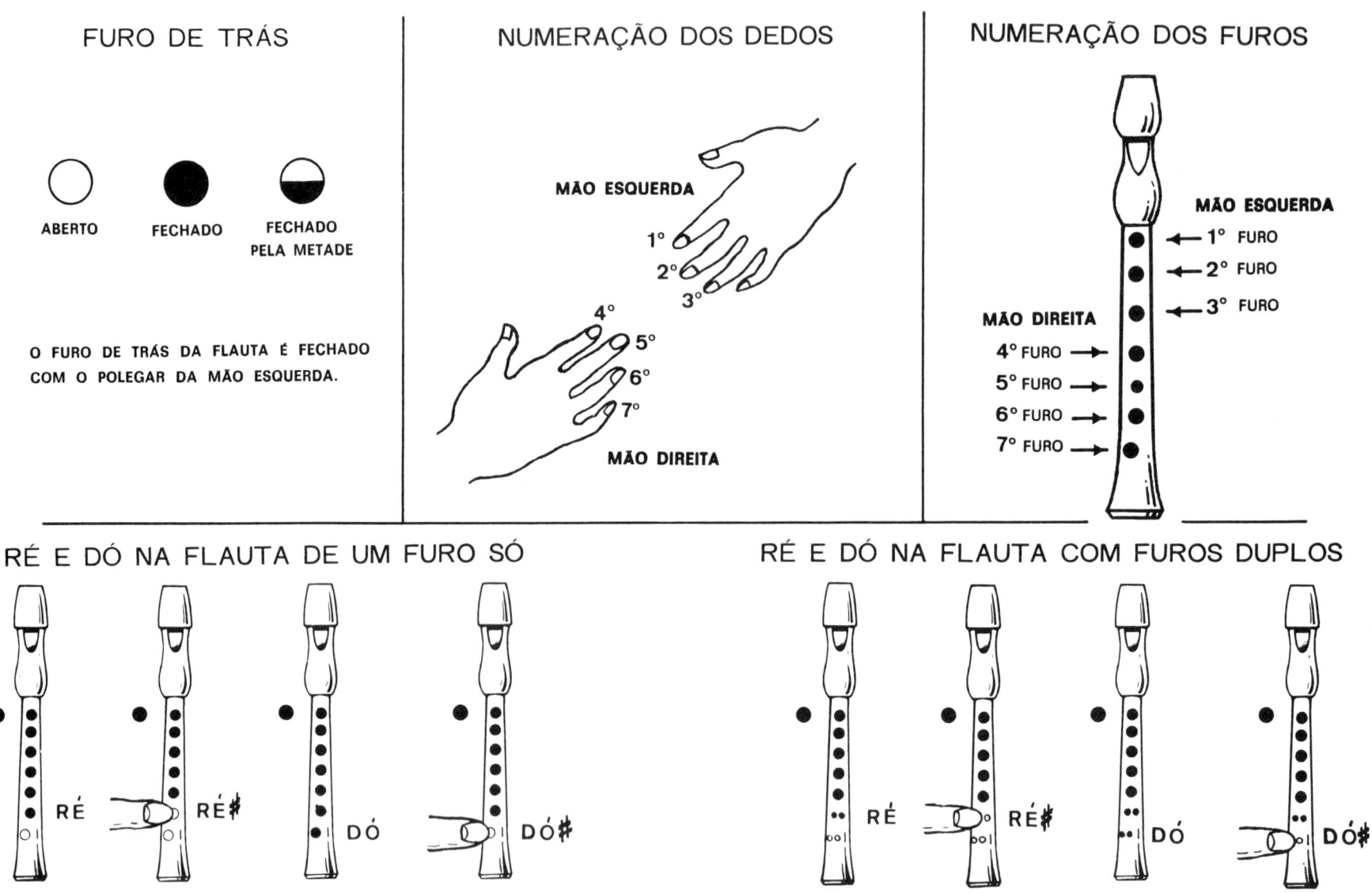

Outras notas muito importantes

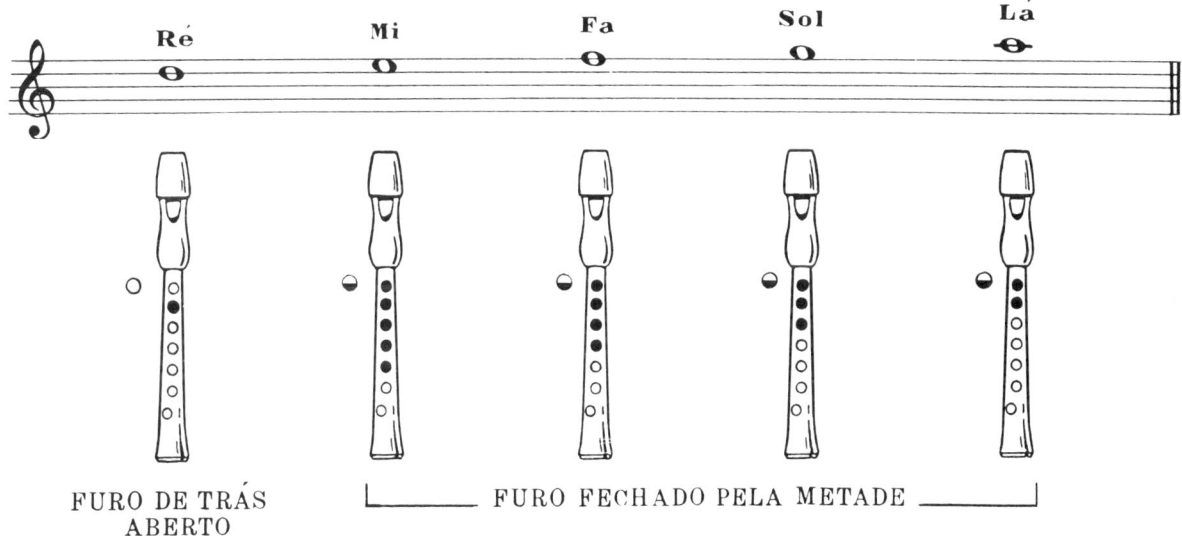

Notas com Sustenidos e Bemois

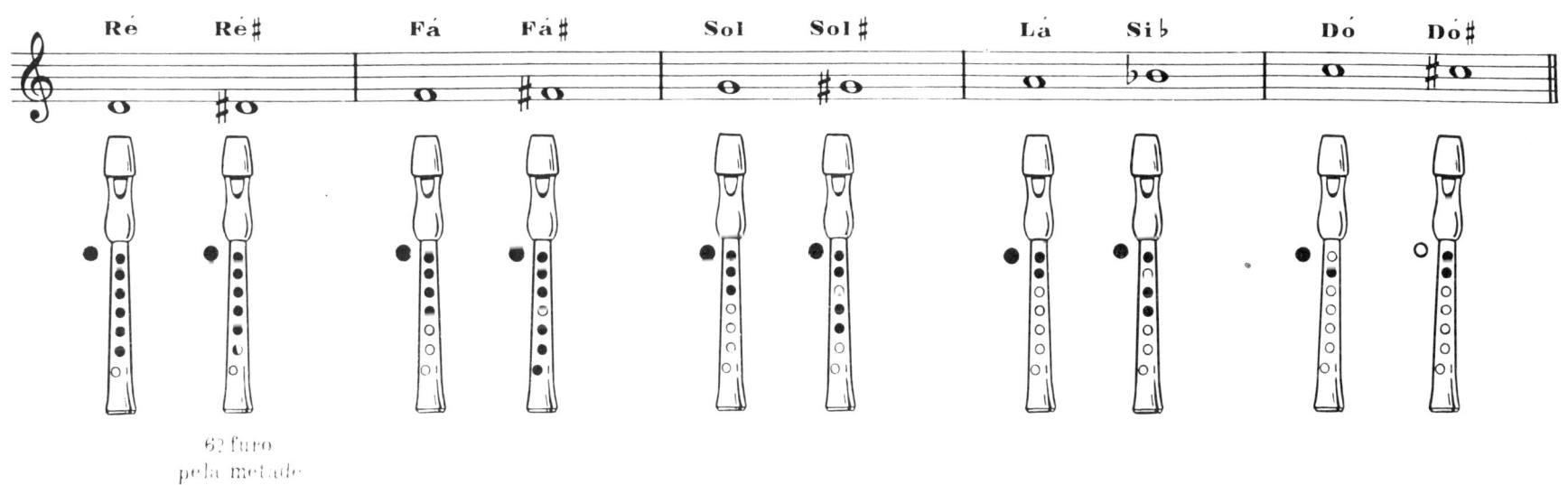

O Pastorzinho

FOLCLORE BRASILEIRO

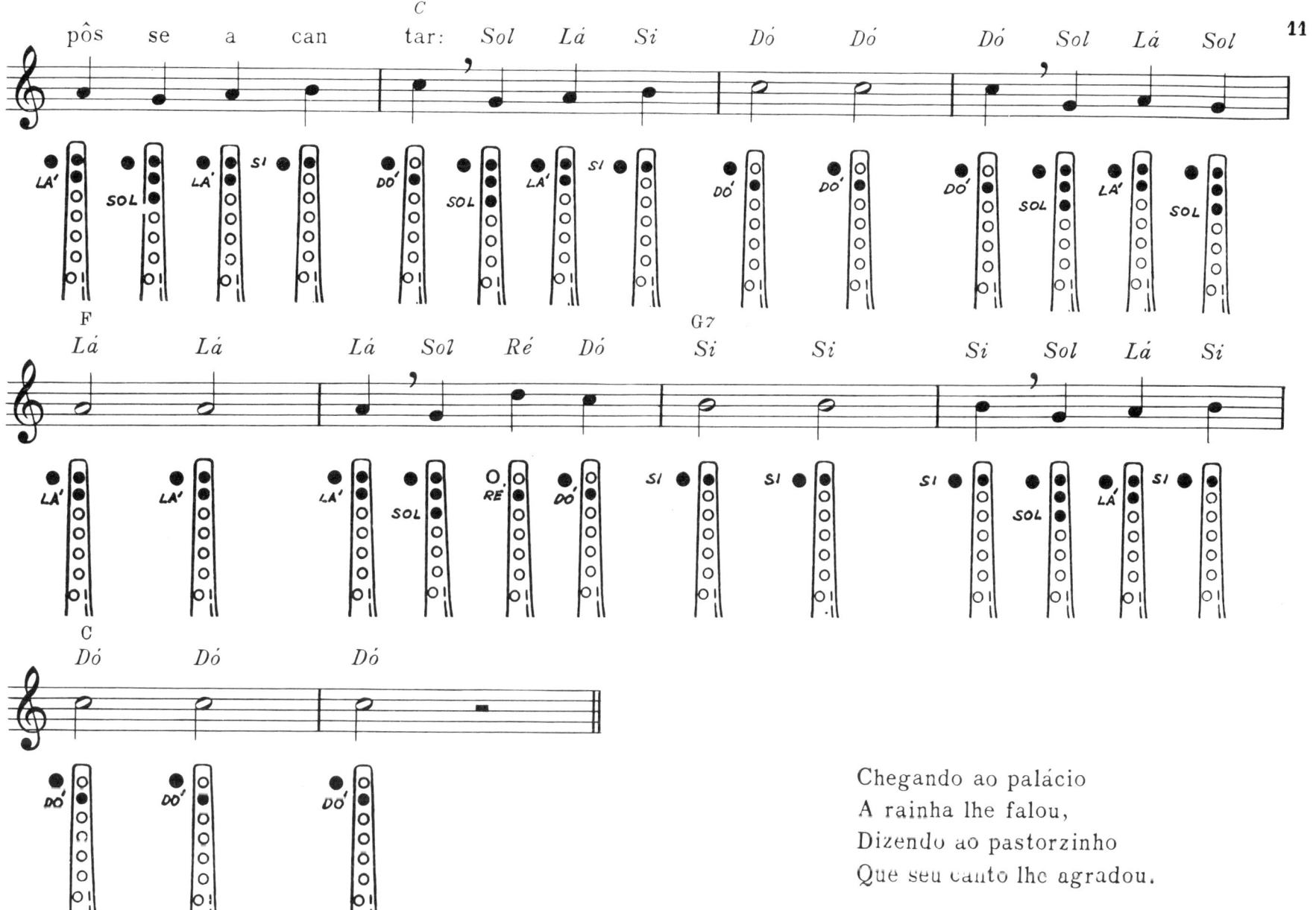

Chegando ao palácio
A rainha lhe falou,
Dizendo ao pastorzinho
Que seu canto lhe agradou.

N.B. — *Cuidado com a posição do RÉ, o furinho de tras é aberto.*

Mucama Bonita

FOLCLORE BRASILEIRO

Moderato

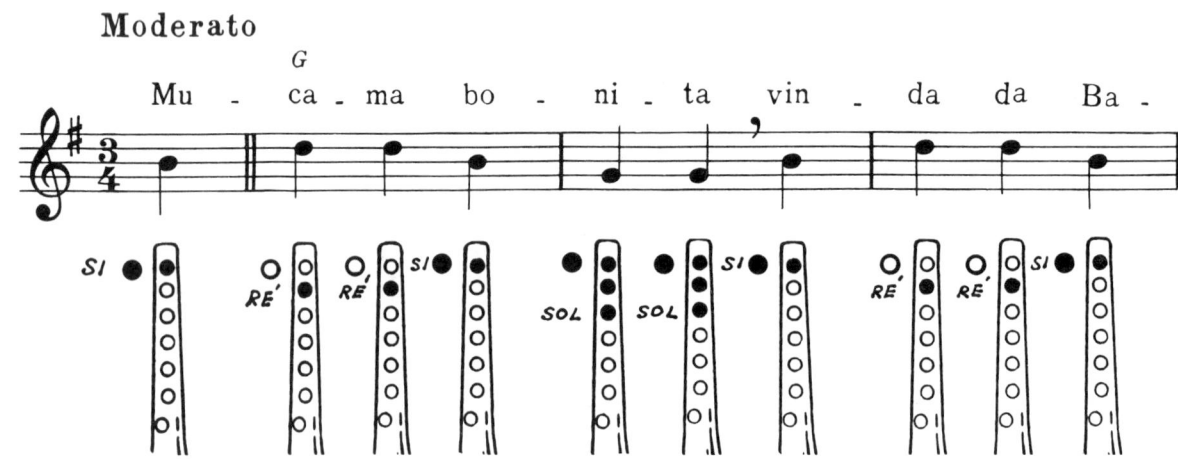
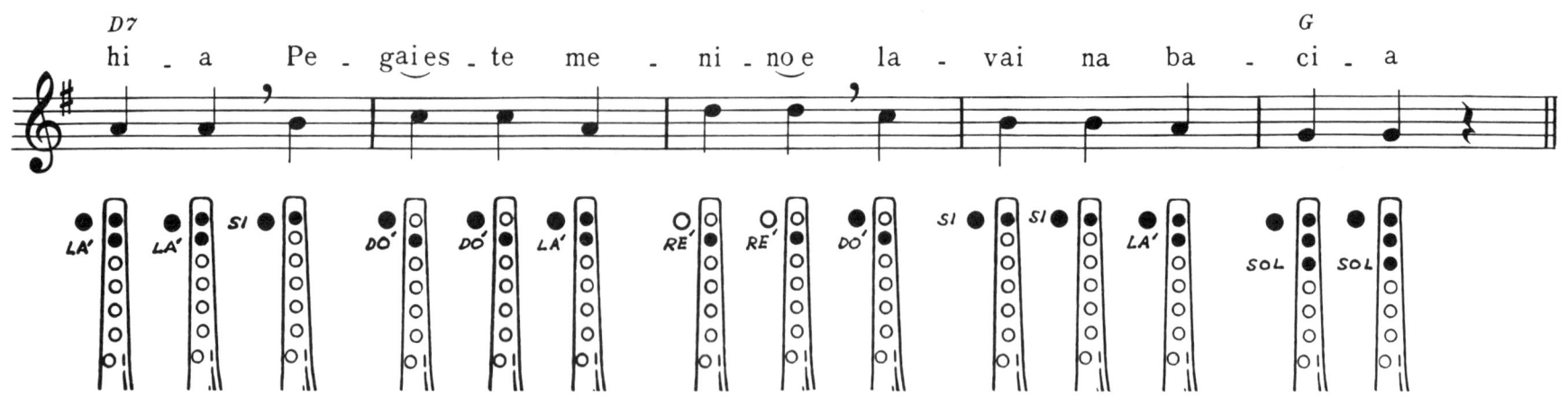

O Trem de Ferro

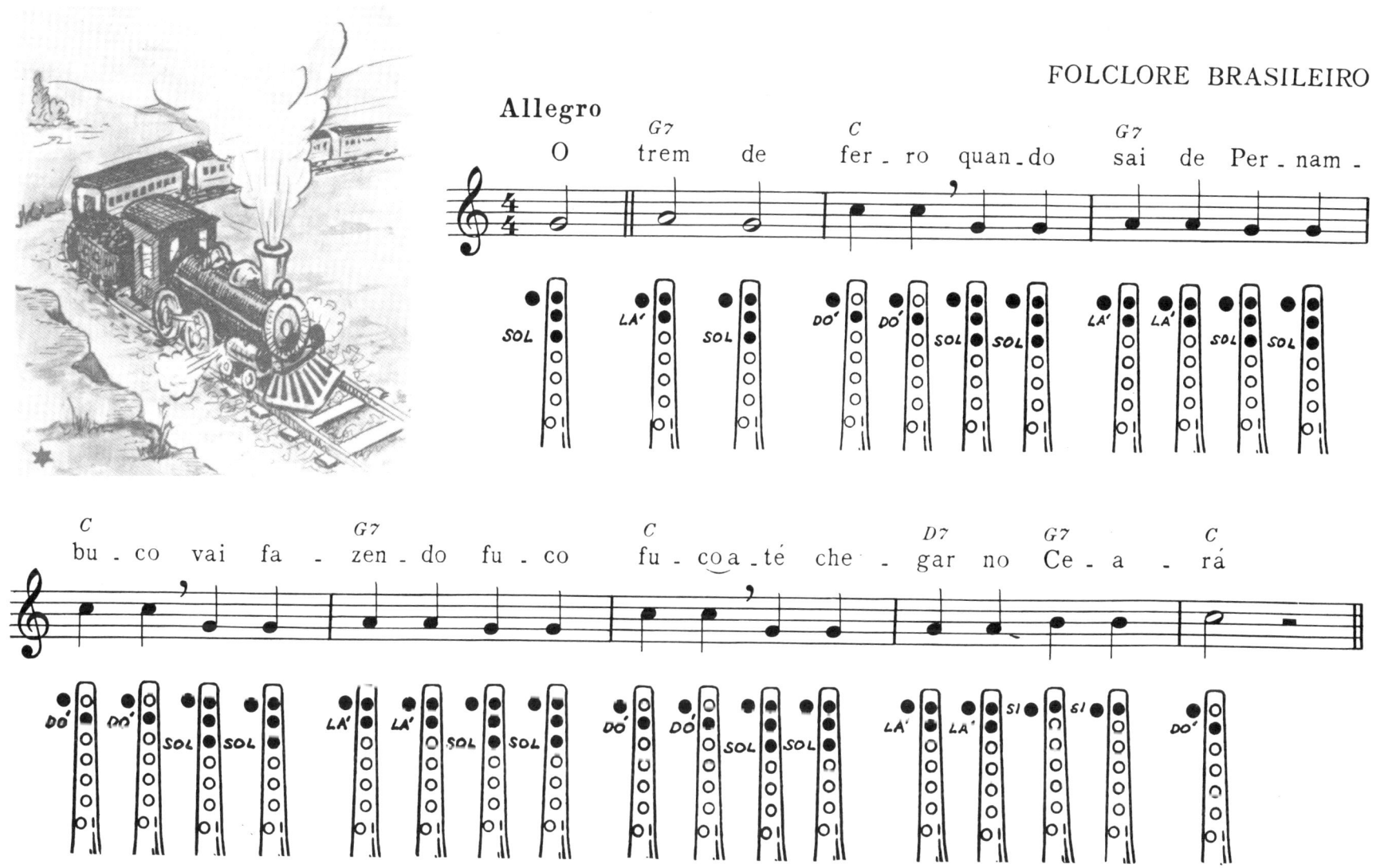

FOLCLORE BRASILEIRO

Bambalalão

FOLCLORE BRASILEIRO

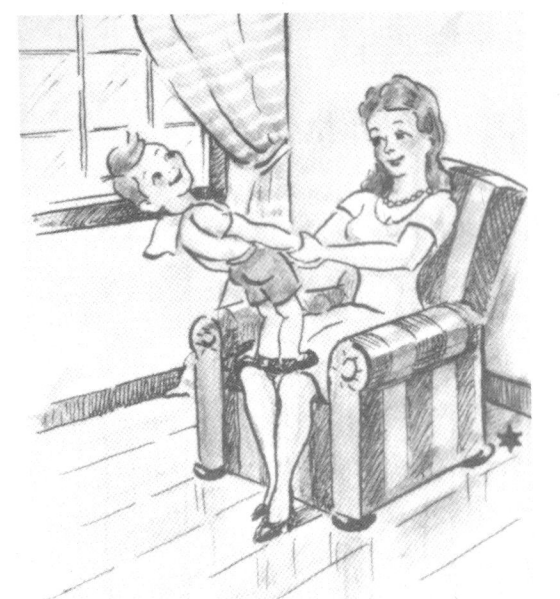

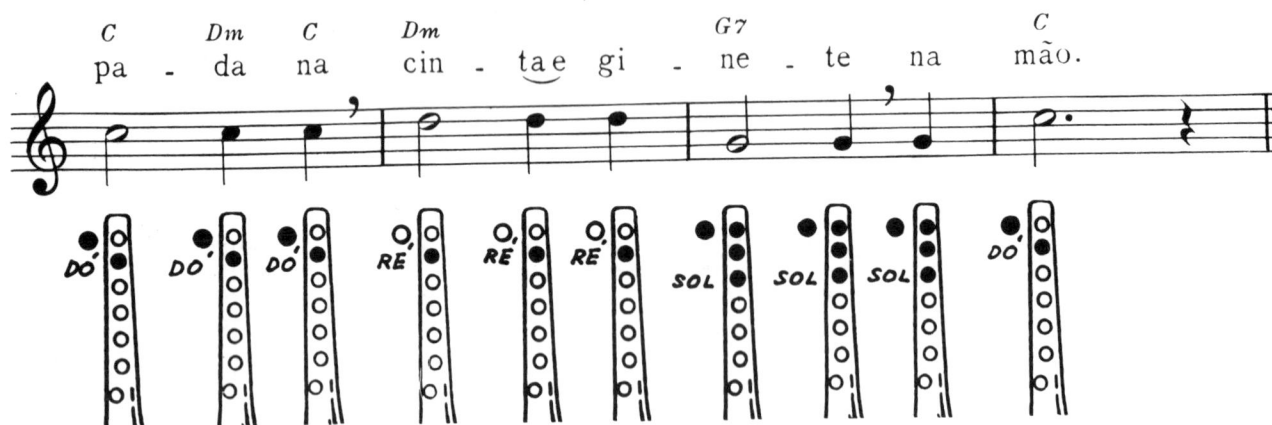

Em terra de mouro
Morreu seu irmão
E foi enterrado
Na cruz do patrão.

Bambalalão
Senhor Capitão
Orelha de porco
Prá comer com feijão.

Marcha Soldado

Allegro-Marcial

FOLCLORE BRASILEIRO

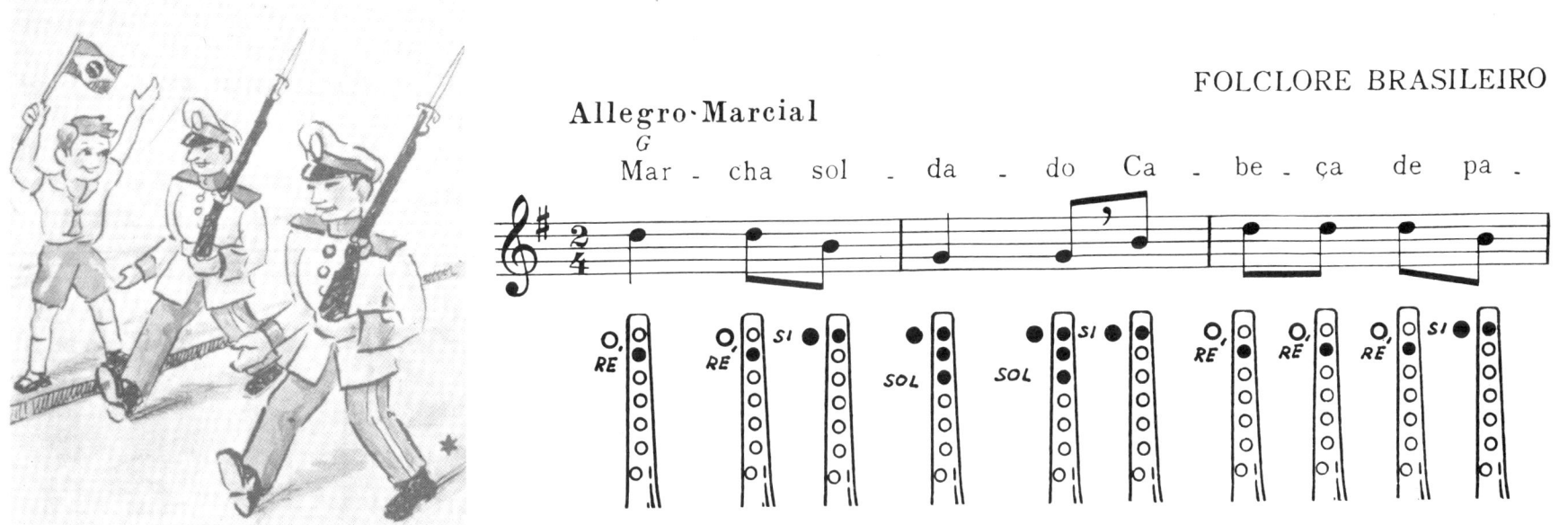

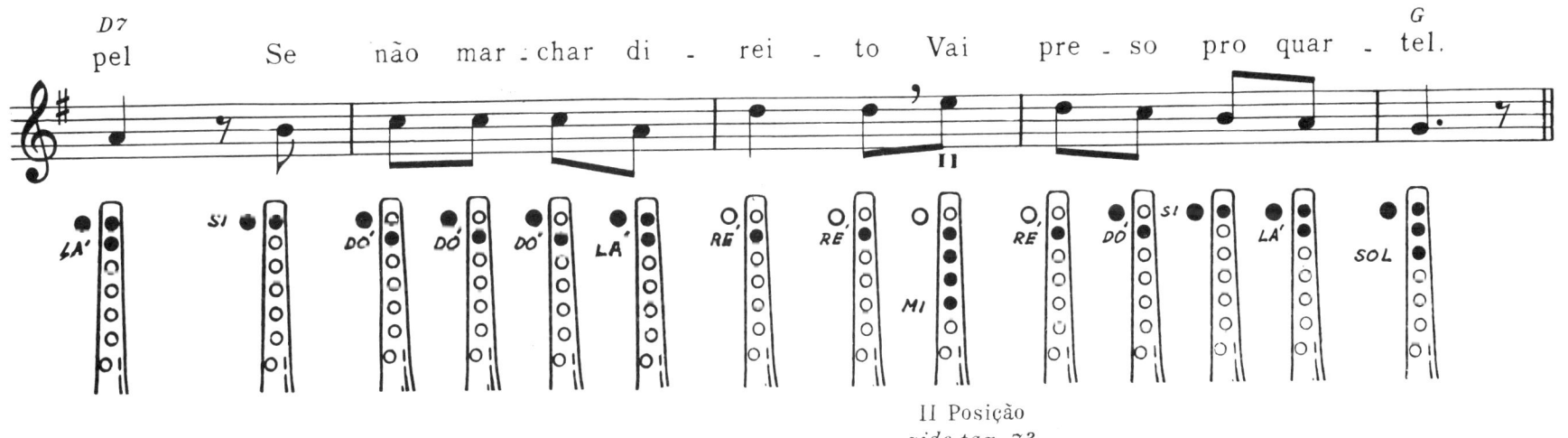

II Posição
vide pag. 73.

Anquinhas

FOLCLORE BRASILEIRO

Andantino

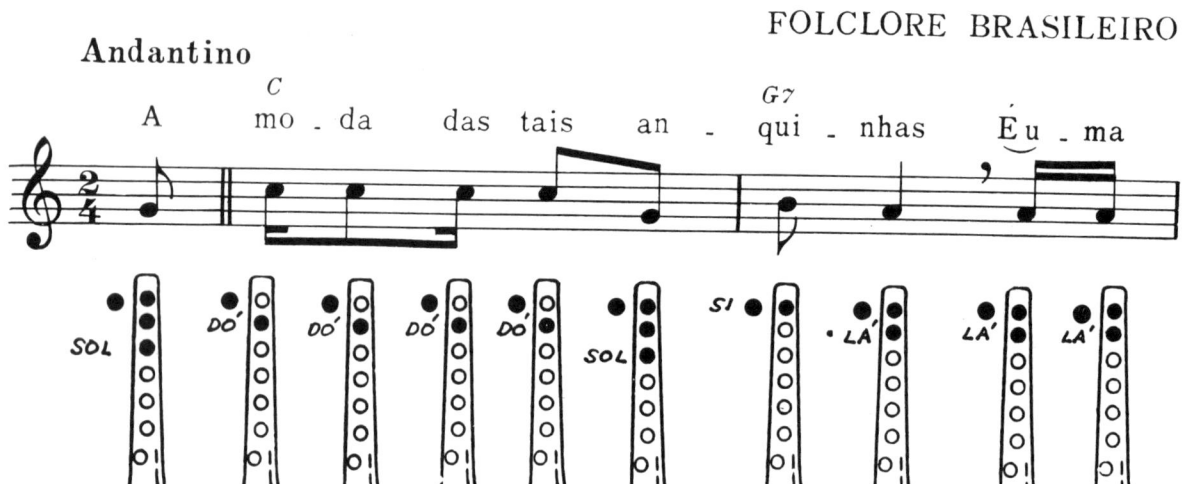
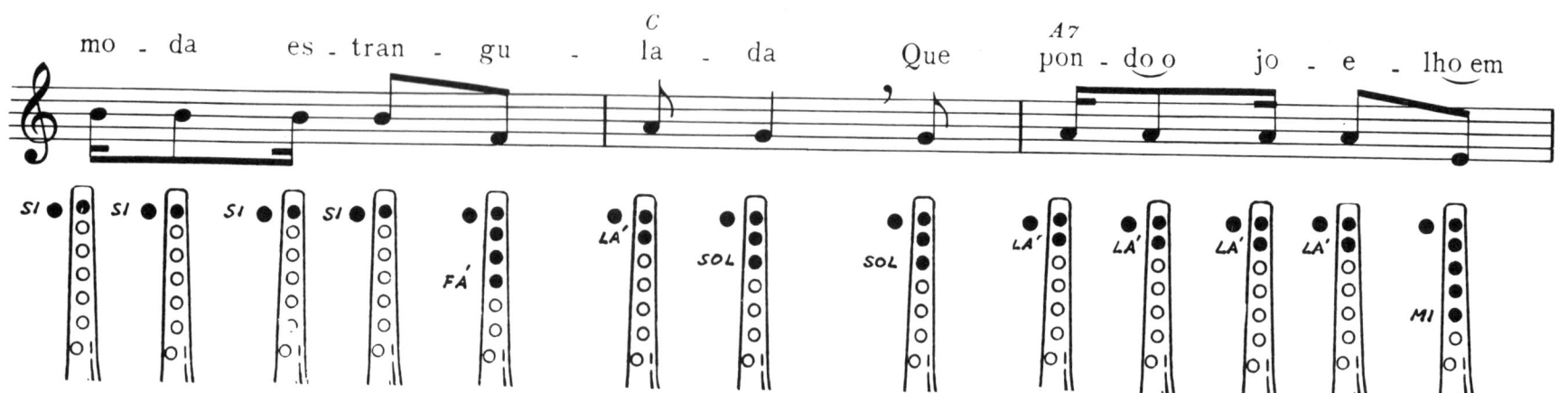

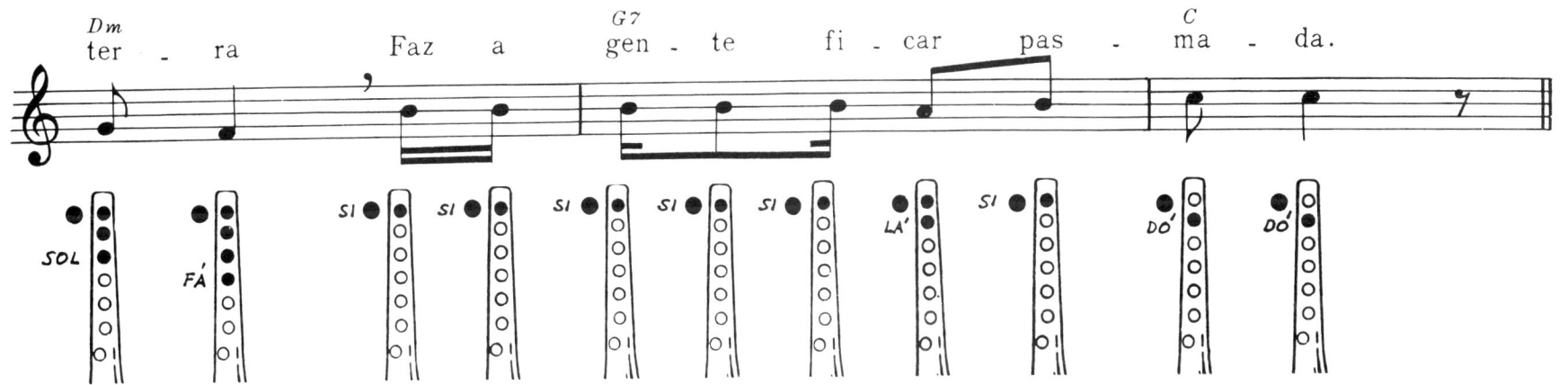

Cuidado com este livro

Parabens, meu amiguinho
Por este livro tão novo
Que parece um pintinho
Que sai da casca do ovo.

Vira as páginas com cuidado
E estude com o coração
Porque ele é delicado
É o nenén da coleção.

Os escravos de Job

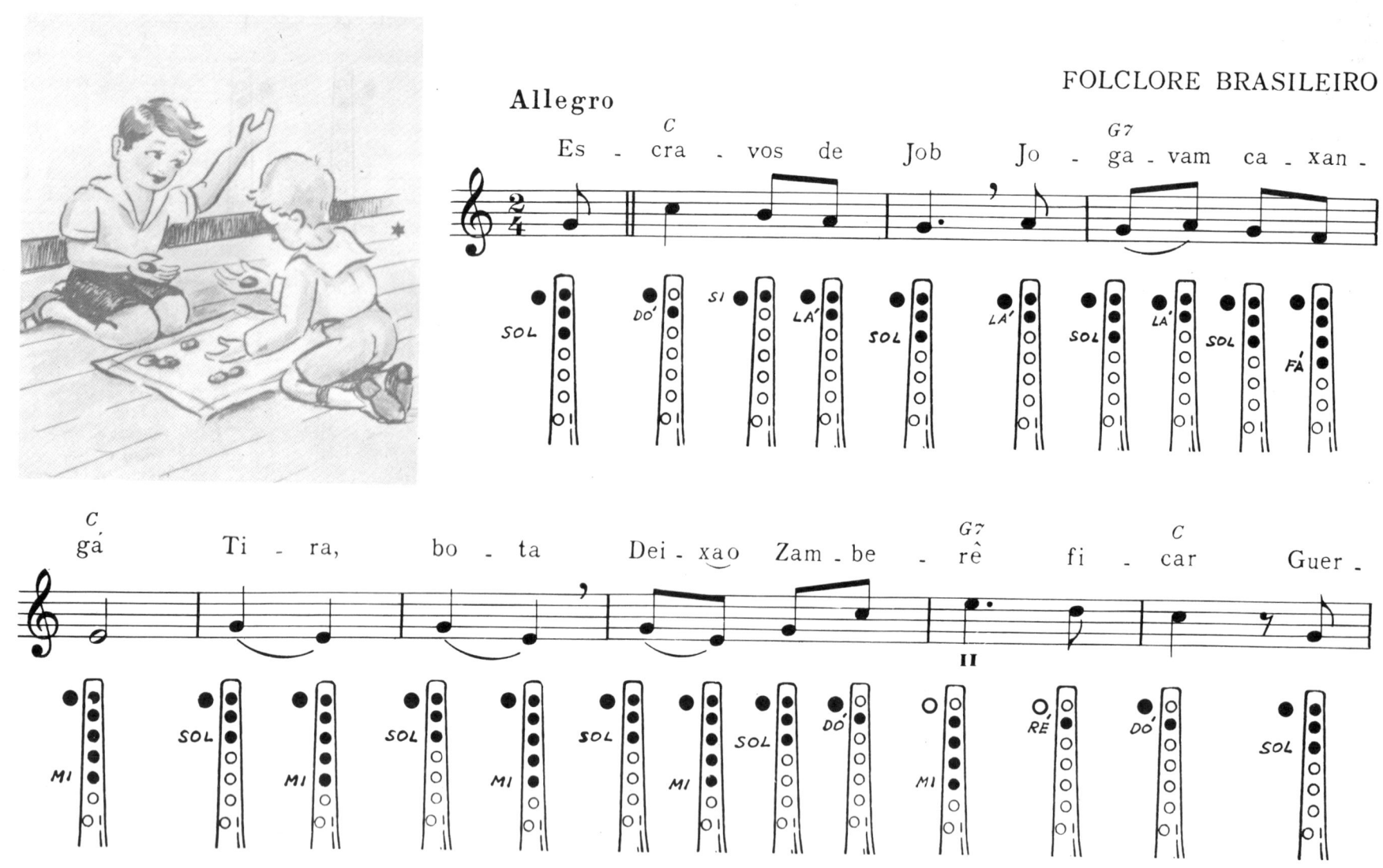

FOLCLORE BRASILEIRO

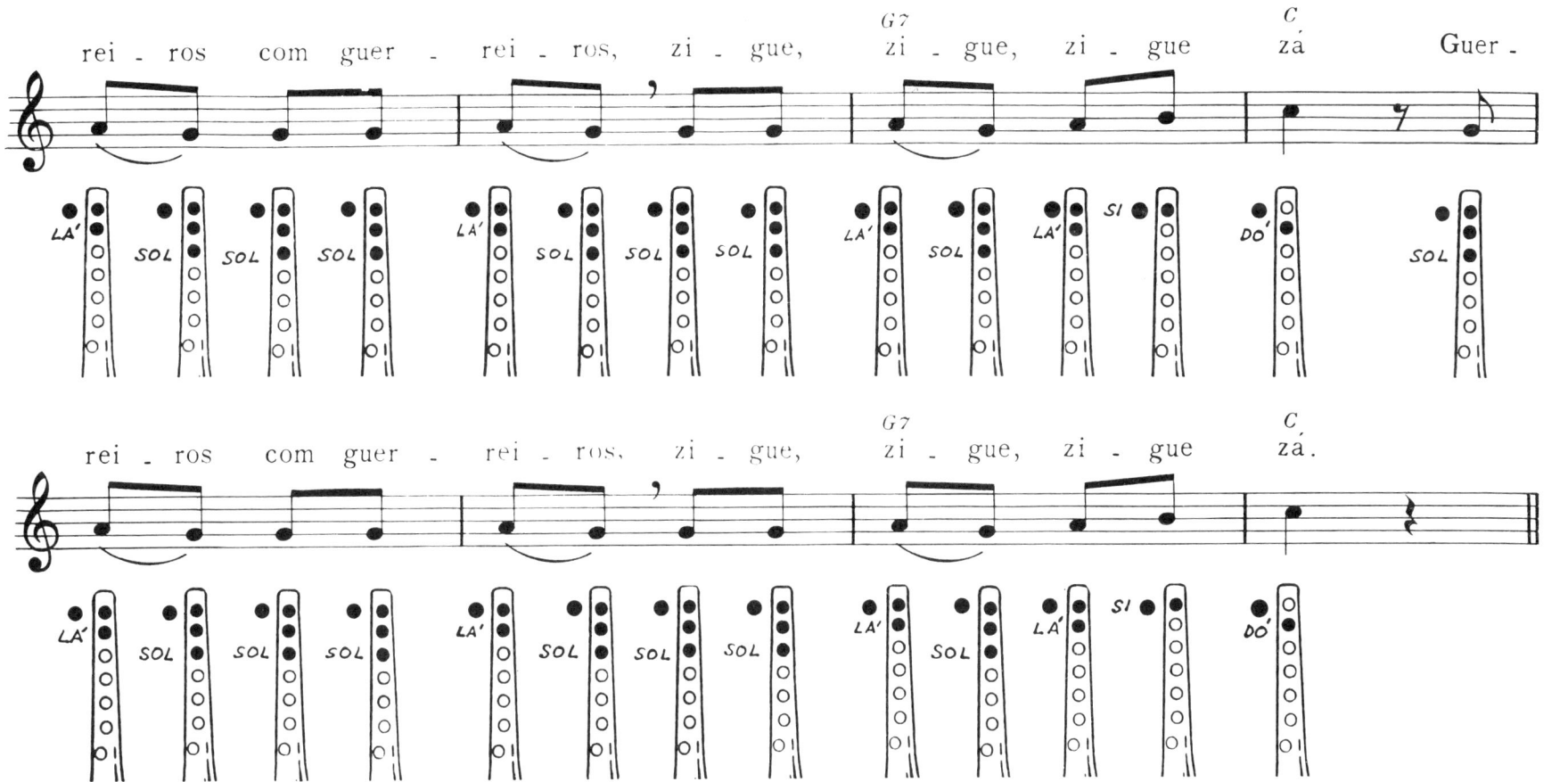

A SÍLABA TÊ OU TUT

A Respiração é primordial para o sopro do executante de "FLAUTA DOCE".

Respire primeiramente e depois pronuncie a sílaba TÊ em cada nota, como um sussurro, mantendo a coluna de ar, soltando-o suavemente para uma perfeita Expiração. Pode-se usar também a sílaba TUT, ficando a escolha á criterio do professor.

Cai, cai, Balão

FOLCLORE BRASILEIRO

Allegretto

Capelinha de Melão

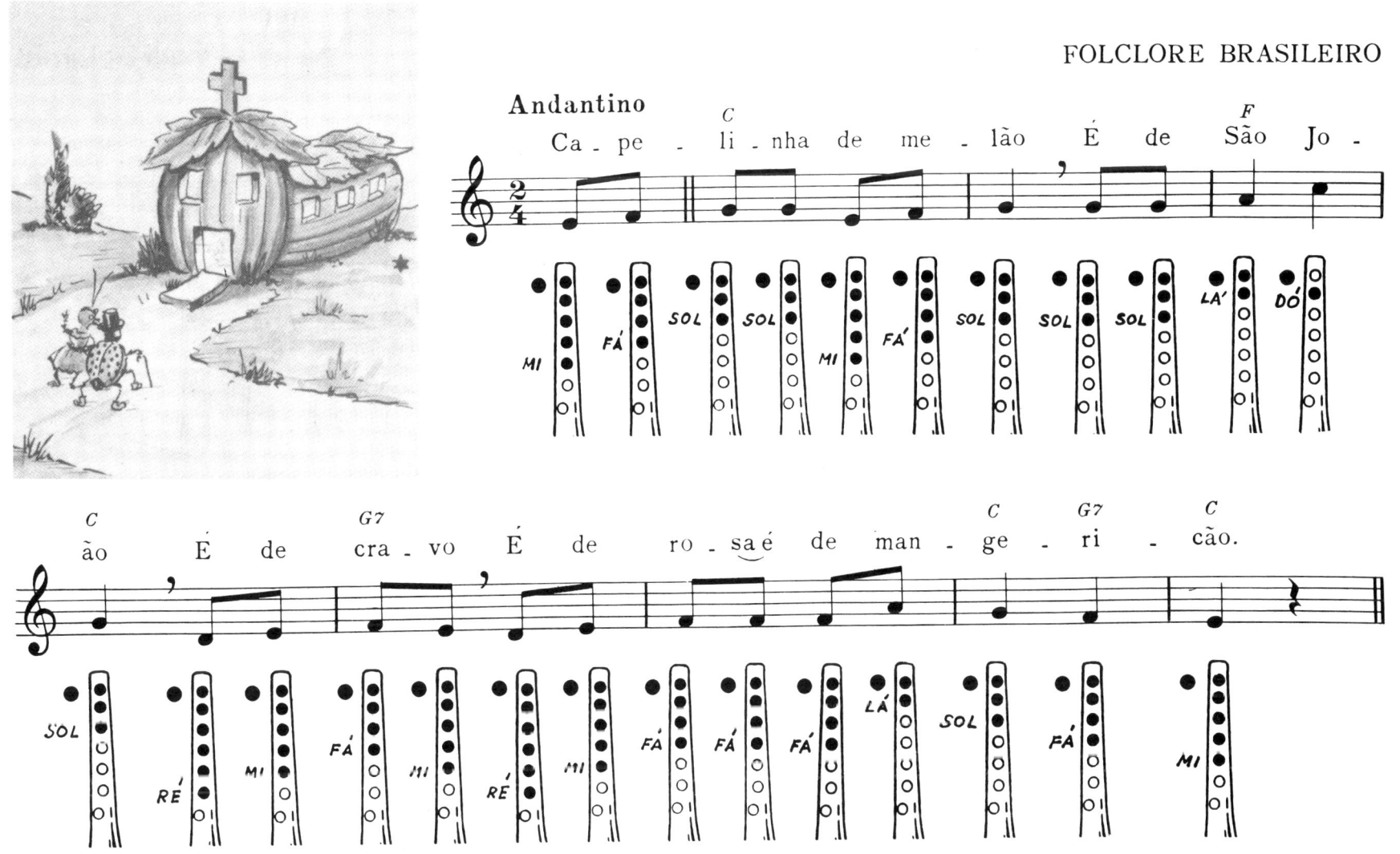

FOLCLORE BRASILEIRO

O meu boi morreu

FOLCLORE BRASILEIRO

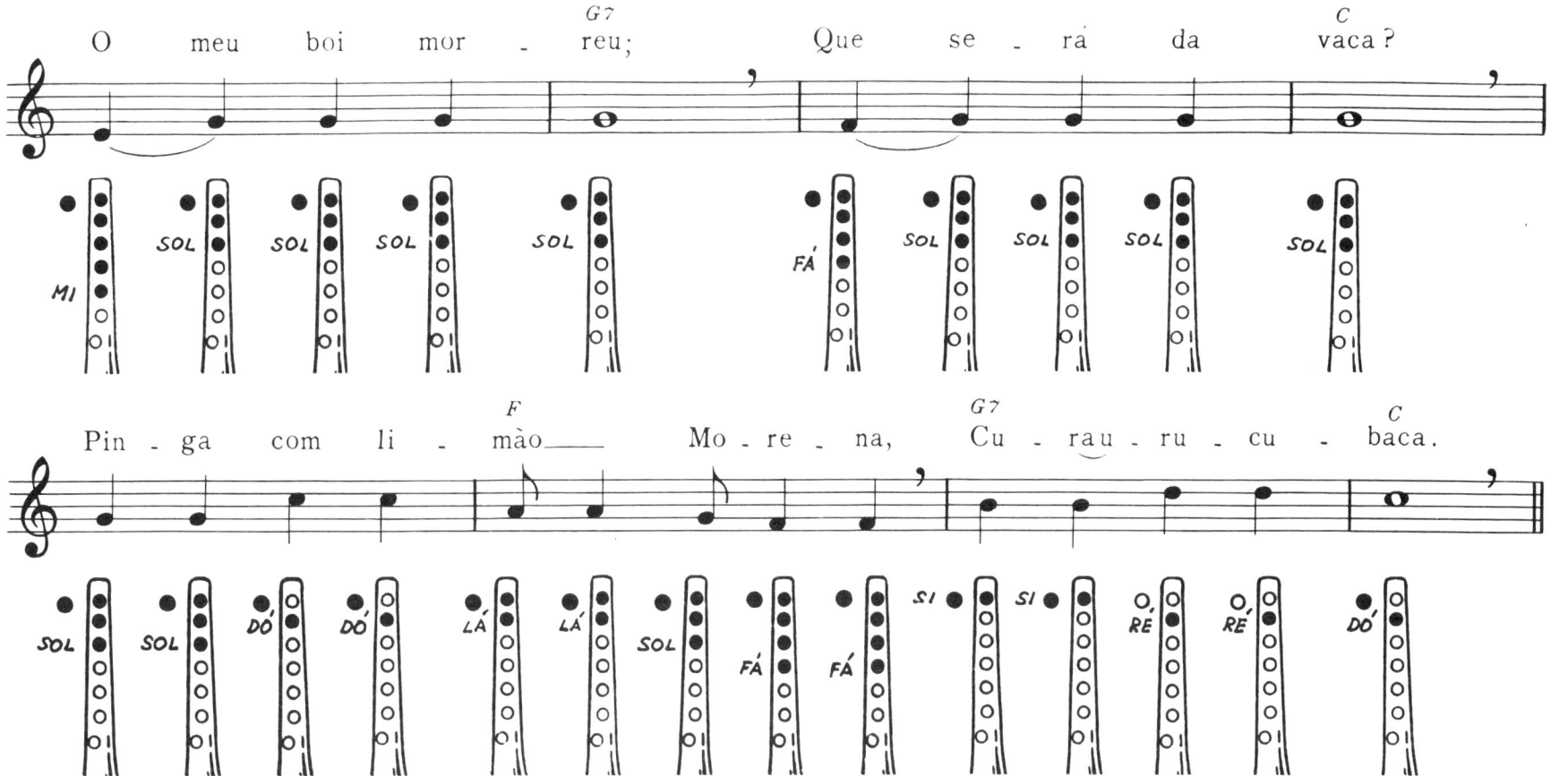

O meu boi morreu;
Que será de mim?
Manda buscar outro, Morena,
Lá no Piauí.

O meu boi morreu;
Que será da vaca?
Pinga com limão, Morena,
Cura urucubaca.

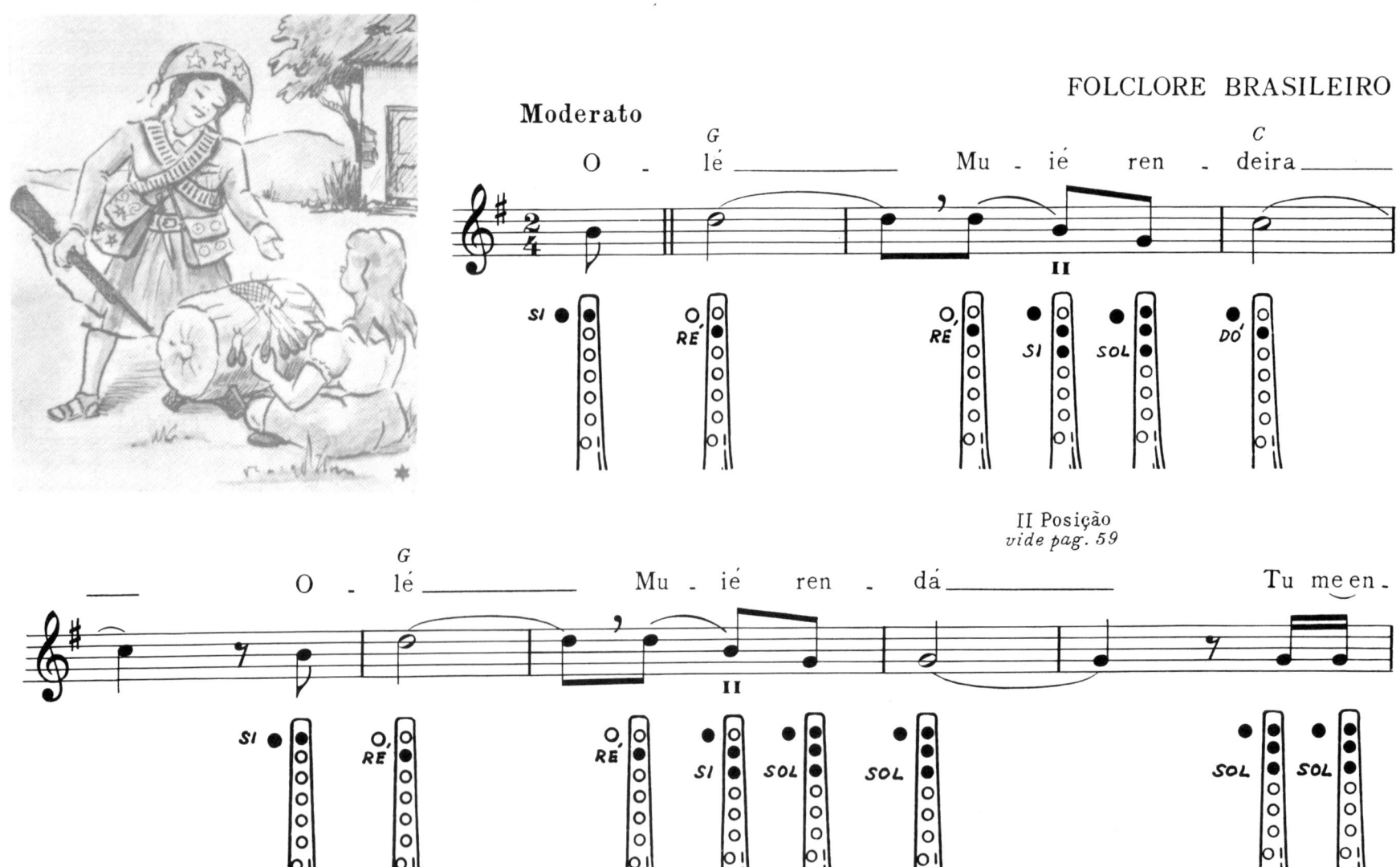

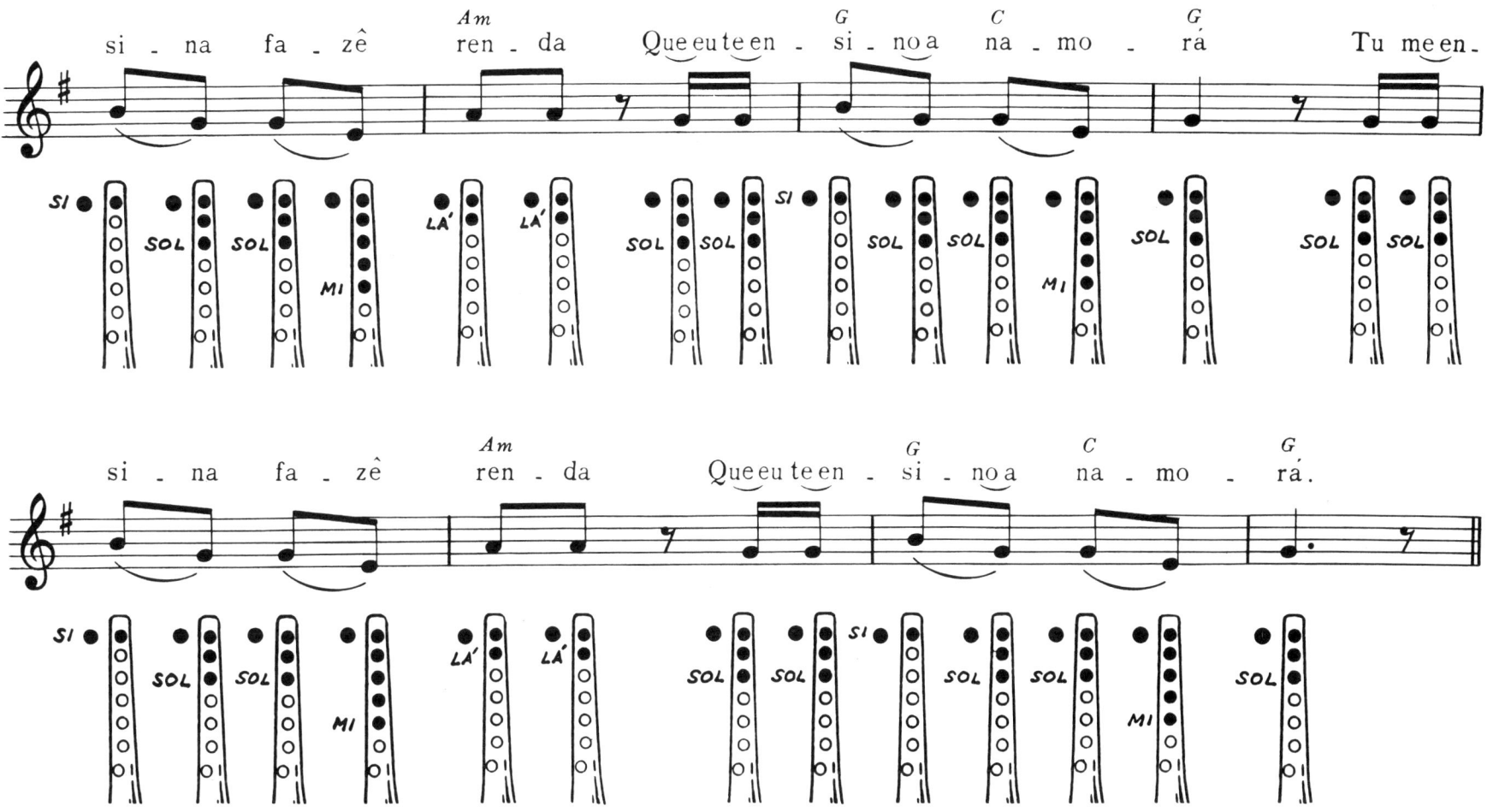

Estribilho

Olé Muié rendeira
Olé Muié rendá
BIS { Tu me ensina fazê renda
Que eu te ensino a namorá.

As moças de Vila Bela
Não tem mais ocupação
E só vivem na janela
Namorando Lampeão!

Na Bahia Tem

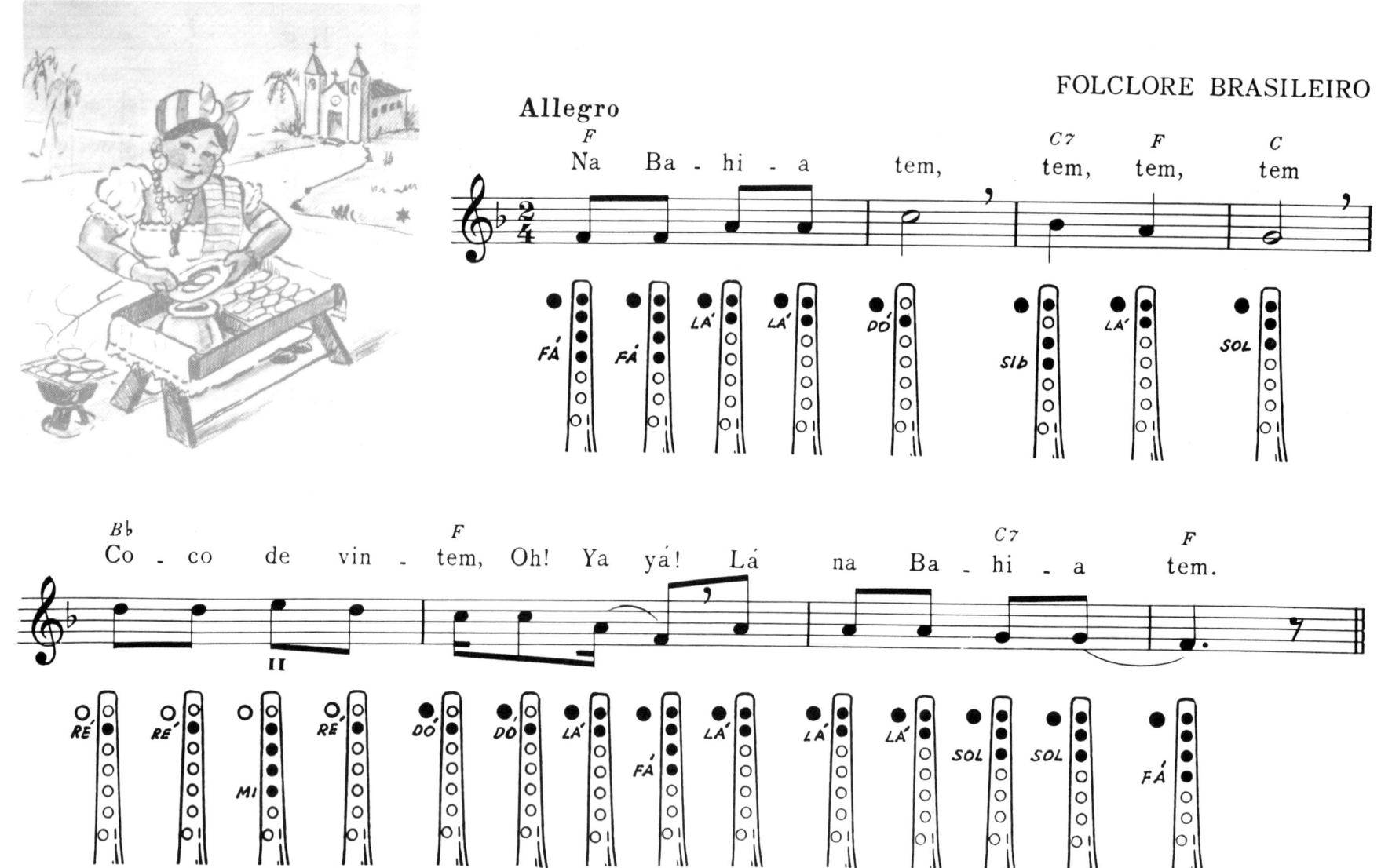

FOLCLORE BRASILEIRO

O Pobre e o Rico

FOLCLORE BRASILEIRO

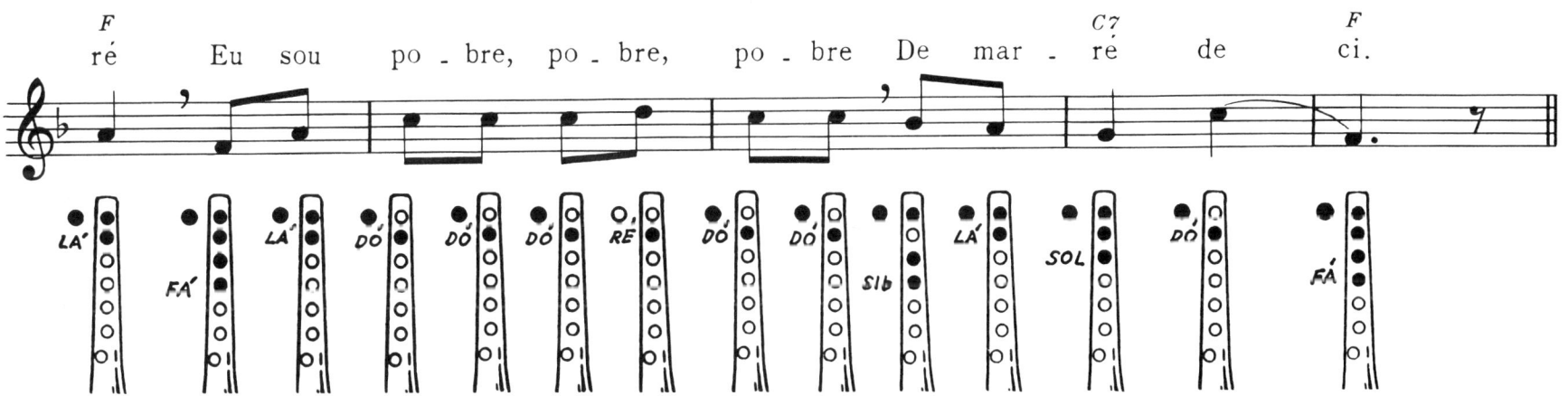

Se eu fosse um peixinho

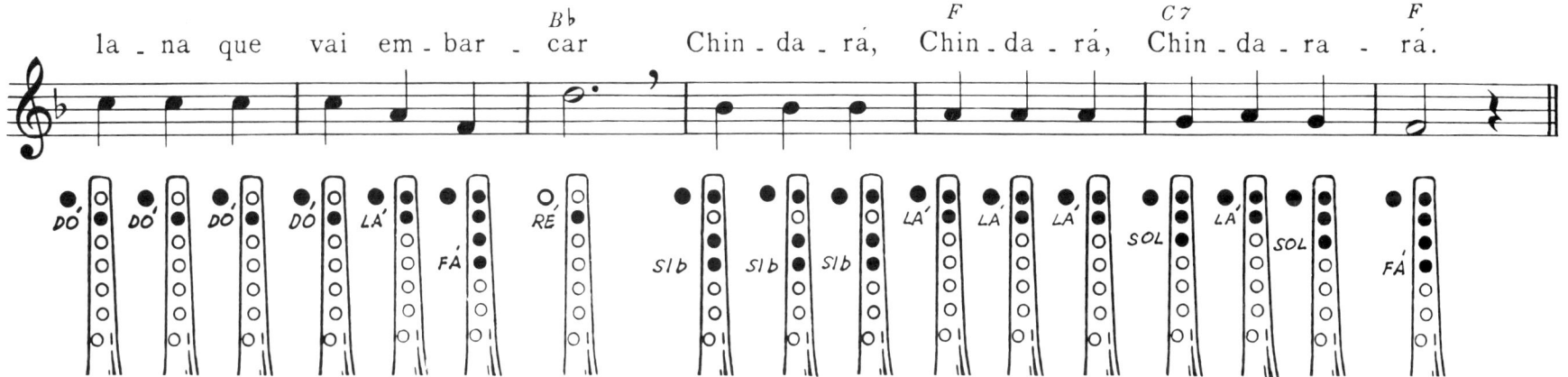

Se eu fosse um peixinho	Fulana não chores
Soubesse nadar	Nem queiras chorar
Tirava Fulana	Que o barco navega
Do fundo do mar	Nas ondas do mar
E a Fulana que vai embarcar	E a Fulana que vai embarcar
Chindará, Chindará, Chindara-rá.	Chindará, Chindará, Chindara-rá.

Limpe sempre o instrumento após o uso. Para isto separe a parte superior do corpo da flauta, tape a janela e sopre com força para sair toda a saliva. Deve-se guardá-lo sempre seco.

Às vezes, também, a flauta não toca por excesso de saliva: o estudante deverá então soprar pela janela do bisel para tirá-la, sem contudo separar as duas partes.

Atirei o Pau no Gato

FOLCLORE BRASILEIRO

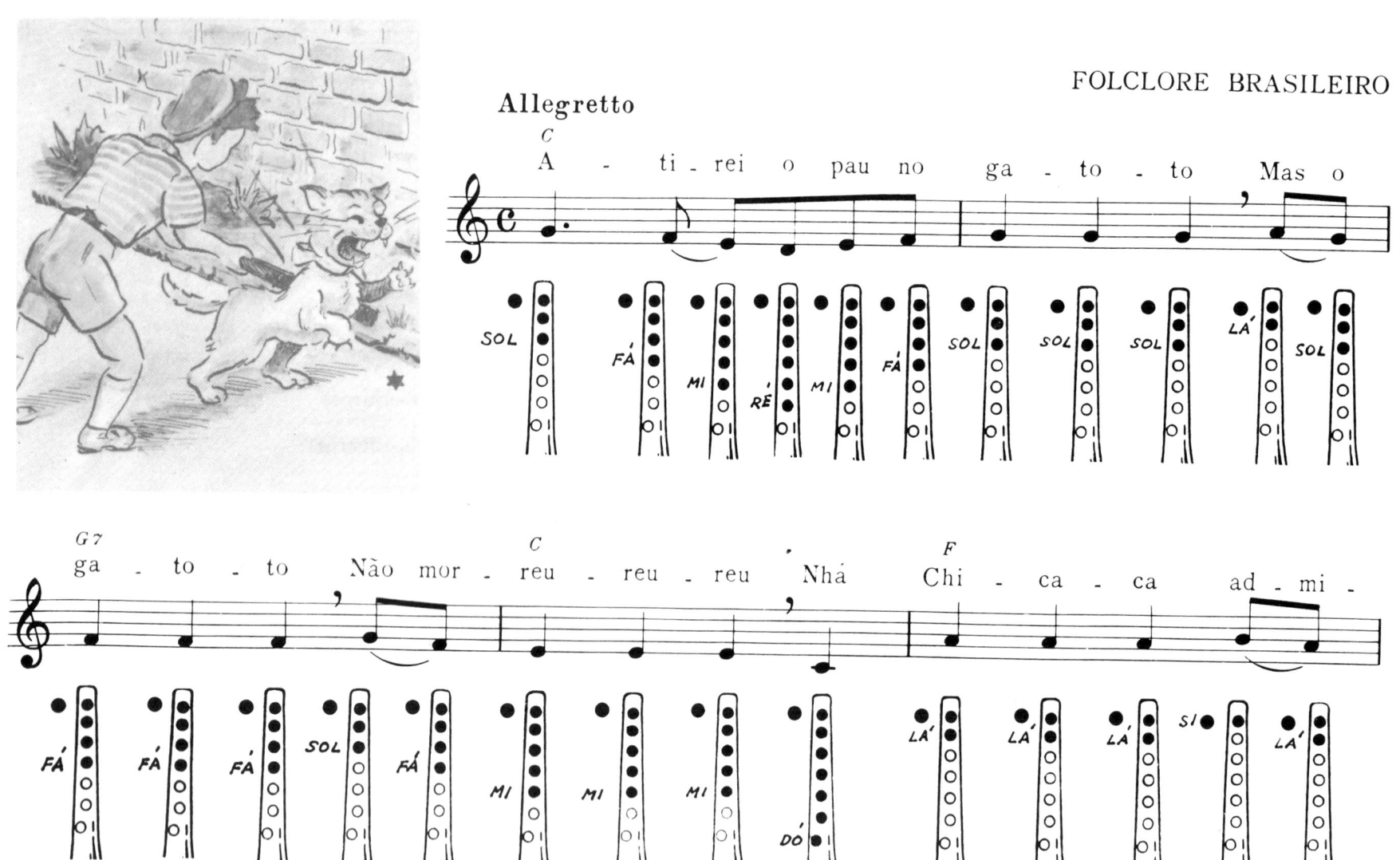

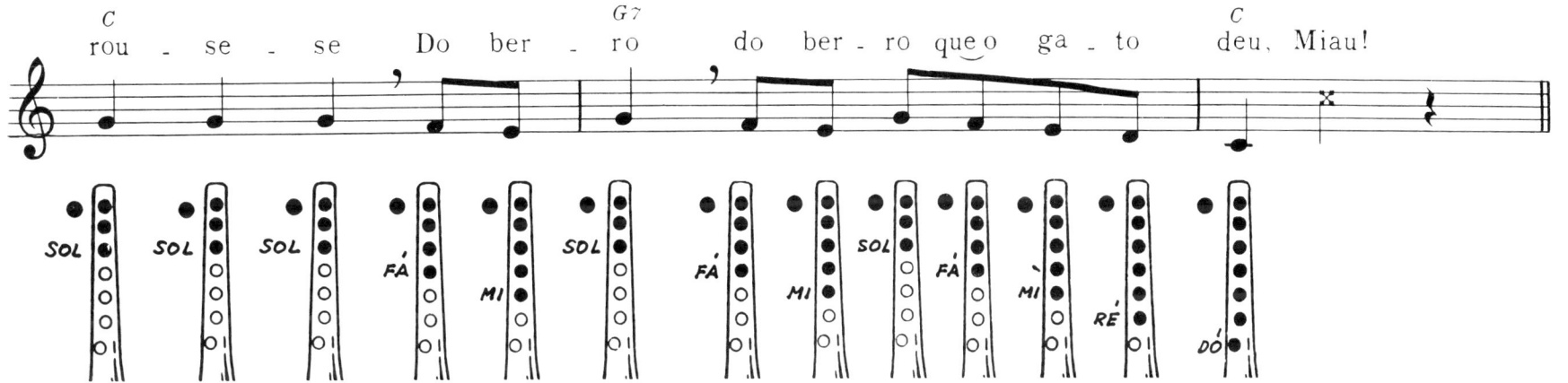

Atirei o pau no gato-to-to

Mas o gato-to-to não morreu-reu-reu

Nhá Chica-ca-ca admirou-se-se

Do berro, do berro que o gato deu: Miau!

Os braços devem estar relaxados, ligeiramente afastados do corpo.

Os orifícios são fechados com a polpa dos dedos e não com as pontas.

O polegar da mão esquerda é destinado a tapar e abrir o furo de trás, e o da direita tem a importante tarefa de apoiar a flauta por trás, apoio este conjugado com a própria embocadura.

O dedo mínimo da mão esquerda não é usado em hora alguma.

Os ombros bem a vontade, as costas eretas e a cabeça em posição natural.

A Gatinha Parda

FOLCLORE BRASILEIRO

33

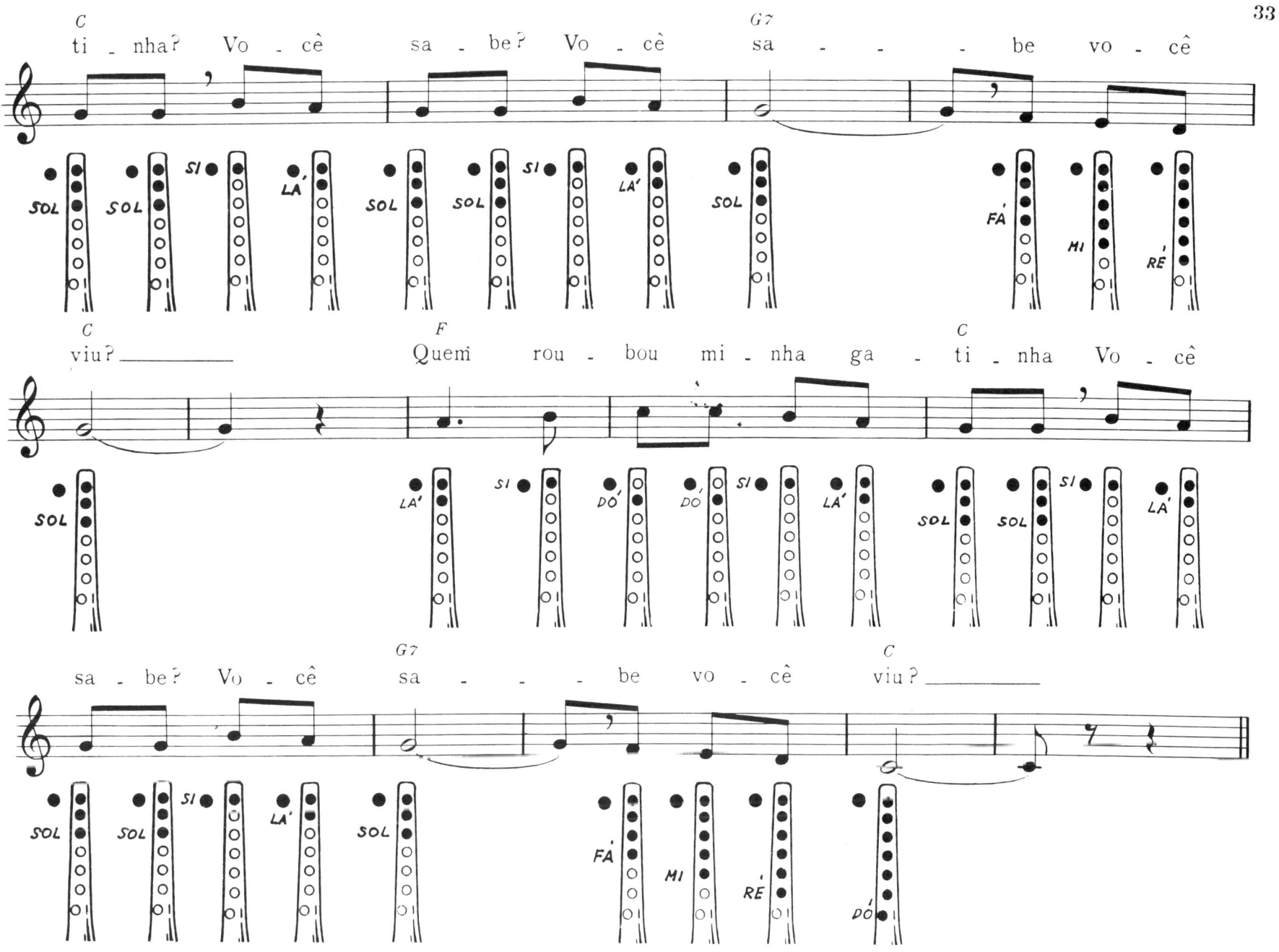

O Cravo brigou com a Rosa

Allegretto FOLCLORE BRASILEIRO

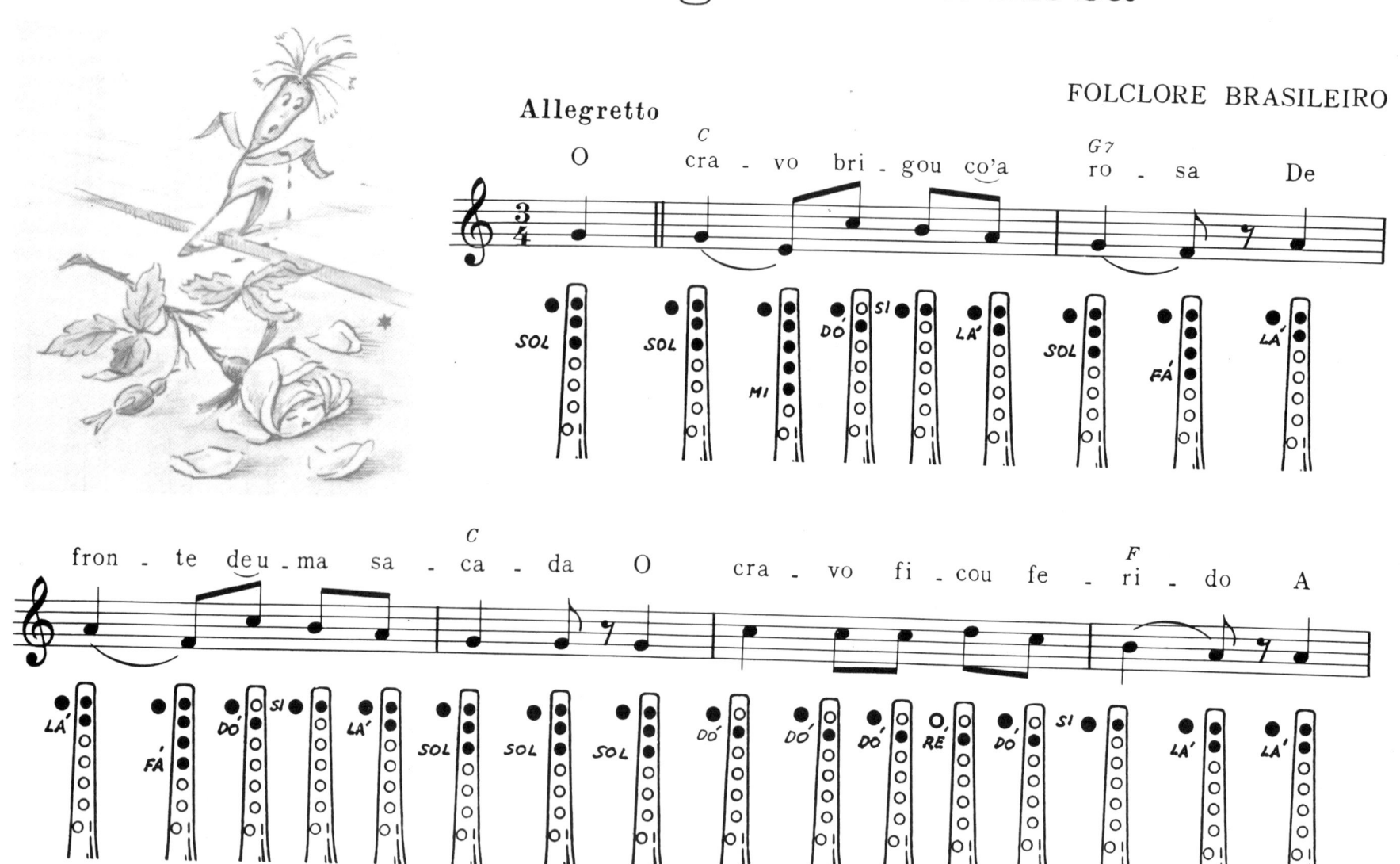

O cravo brigou com a rosa
Debaixo de uma sacada
O cravo ficou ferido
E a rosa despedaçada

O cravo ficou doente
A rosa foi visitar
O cravo deu um desmaio
A rosa pôsse a chorar.

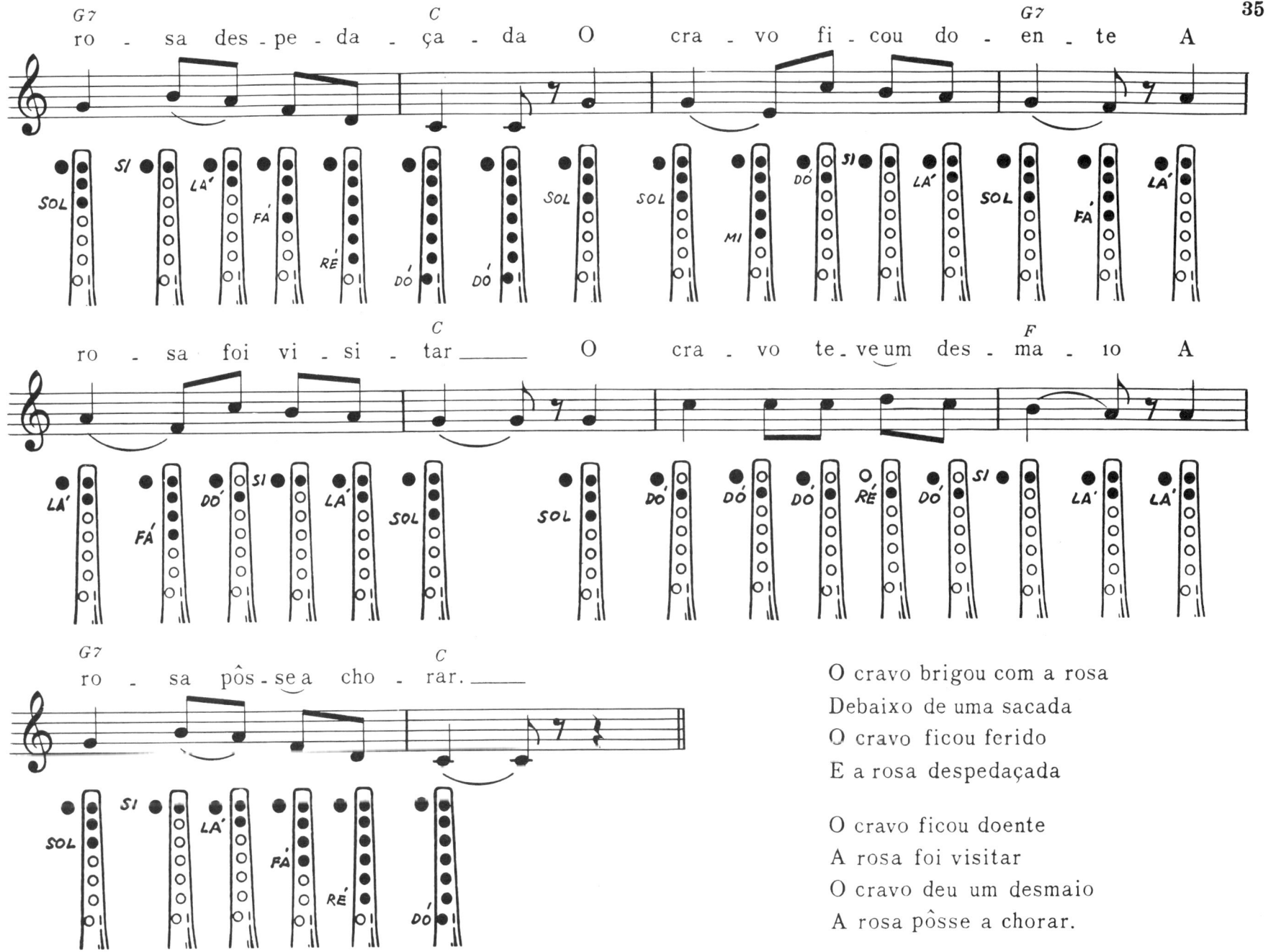

Oh! Ciranda, Cirandinha

FOLCLORE BRASILEIRO

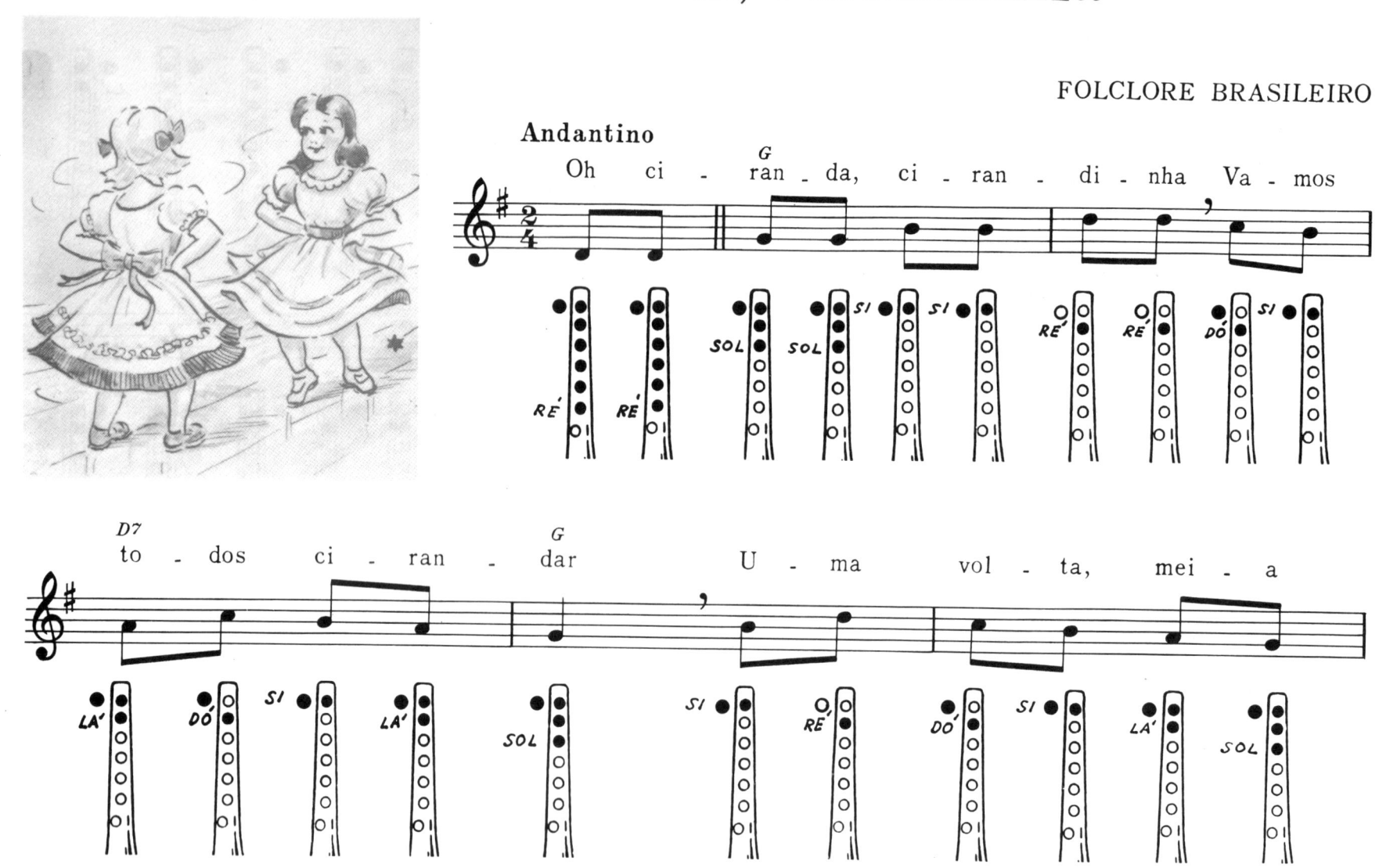

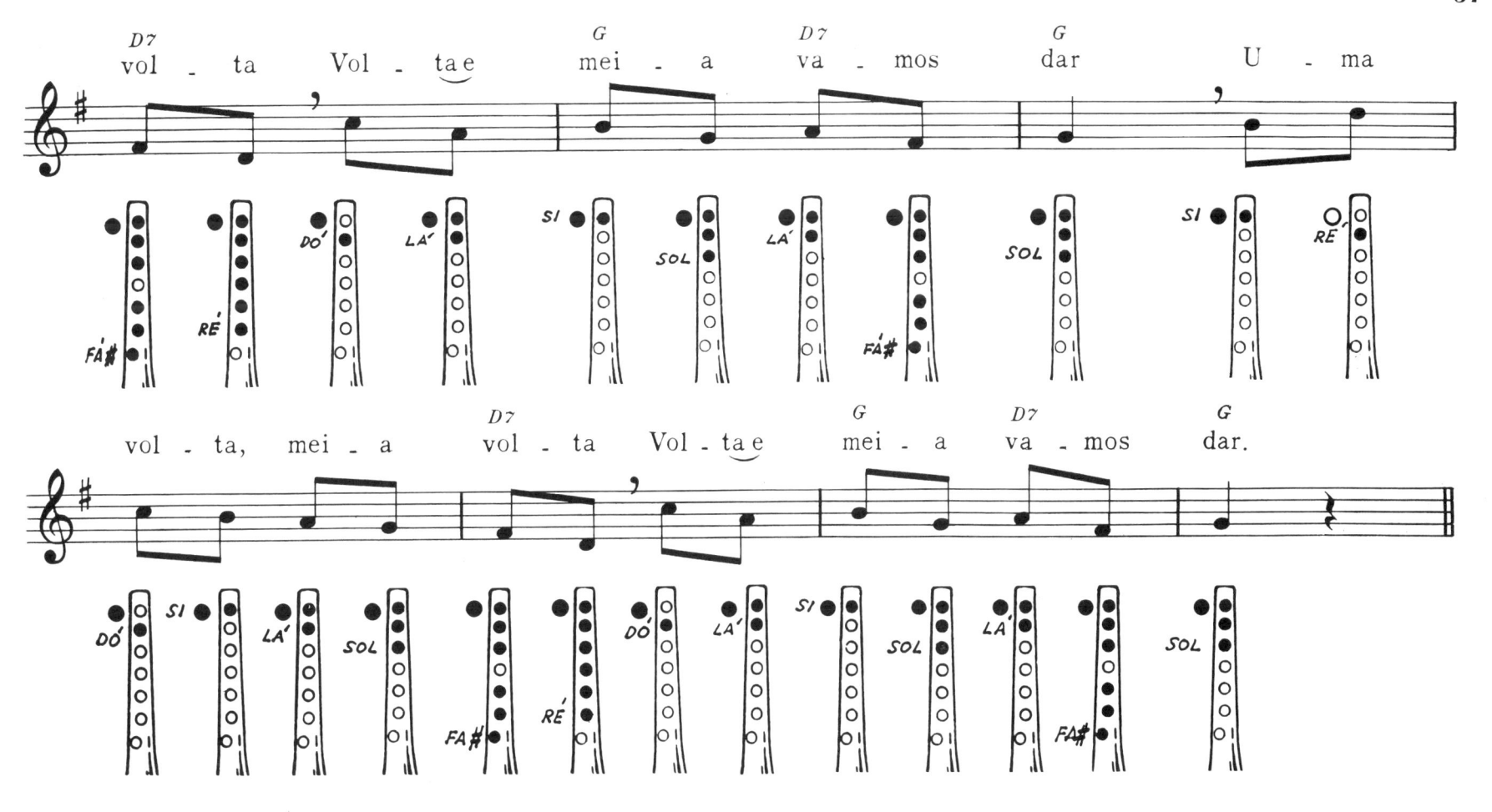

vol-ta Vol-ta e mei-a va-mos dar U-ma
vol-ta, mei-a vol-ta Vol-ta e mei-a va-mos dar.

2
O anel que tu me deste
Era vidro e se quebrou
Bis { O amor que tu me tinhas
Era pouco e se acabou.

3
Oh! Ciranda, Cirandinha,
Vamos todos cirandar.
Bis { Vamos ver Dona Maria,
Que está pra se casar.

4
Por isso, Dona Maria
Entre dentro desta roda
Bis { Diga um verso bem bonito
Diga adeus e vá-se embora.

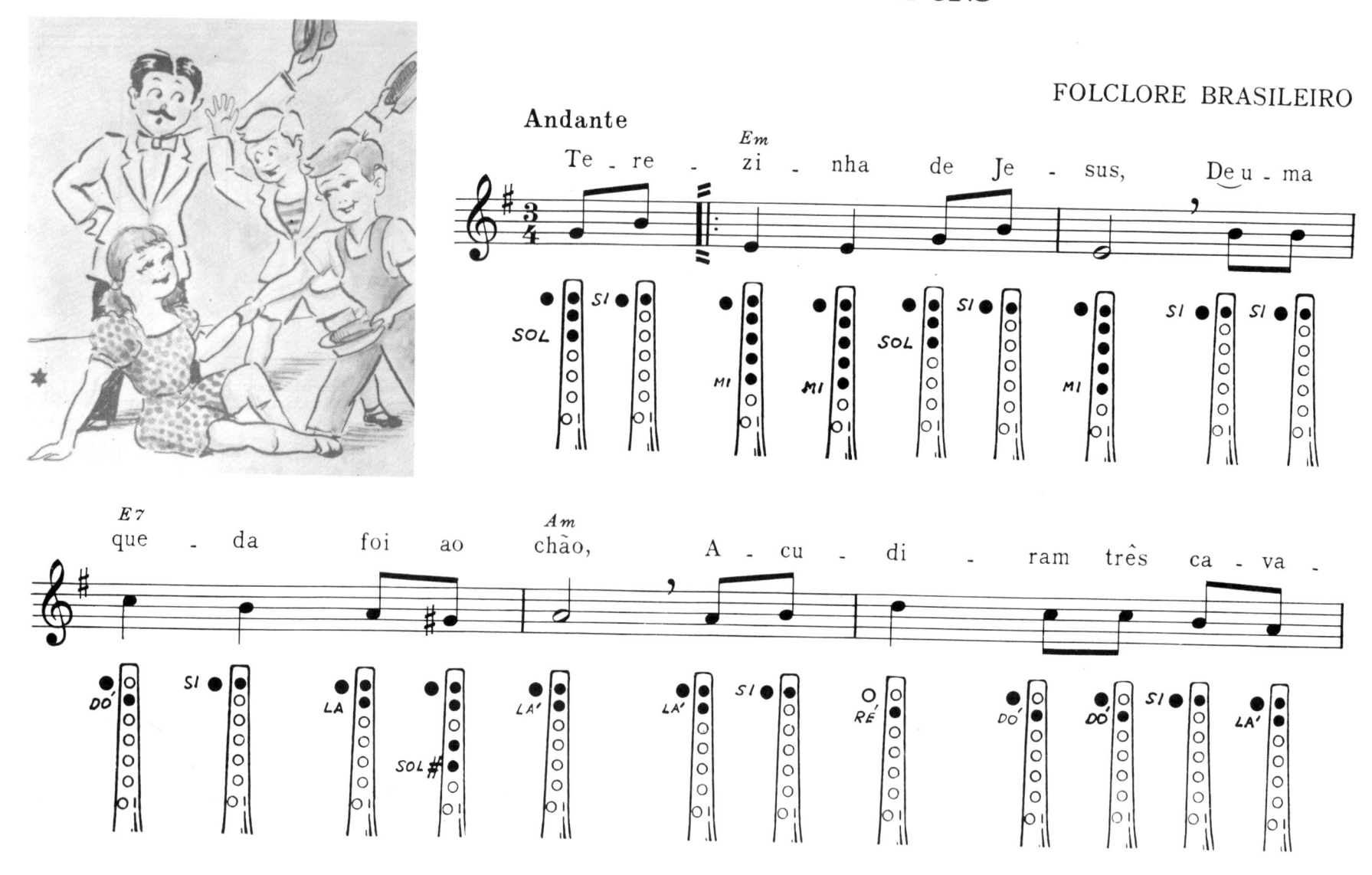

Terezinha de Jesus

FOLCLORE BRASILEIRO

Andante

Terezinha de Jesus, De uma queda foi ao chão, Acudiram três cava-

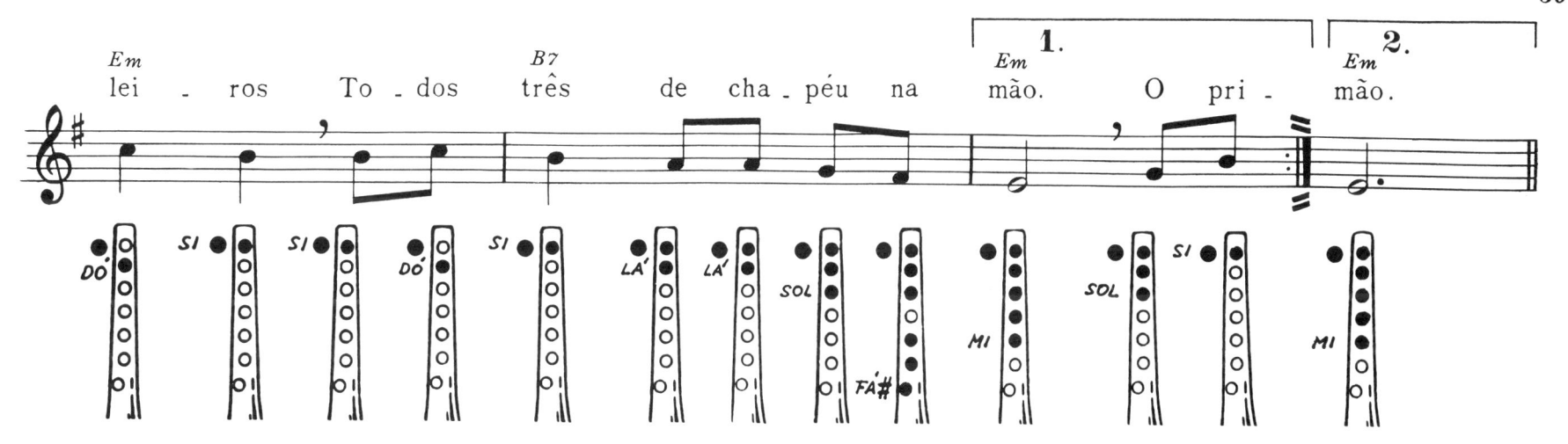

O primeiro foi seu pai	Terezinha de Jesus
O segundo seu irmão	Levantou-se lá do chão
O terceiro foi aquele	E sorrindo disse ao noivo:
A quem ela deu a mão.	Eu te dou meu coração.

PEQUENOS CONJUNTOS

As peças contidas neste livro proporcionam a formação de pequenos conjuntos. A flauta poderá fazer o solo e o acompanhamento por piano ou violão pelas cifras.

Na repetição de uma peça, seria oportuno se um violino executasse também o solo. A bateria deverá acompanhar suavemente para que sobresaia o solo da flauta.

Enfim, o professor terá, com estas belas melodias cifradas de **"Brincando com a Flauta Doce"** um imenso campo para idealizar números para audições.

Instrumentos de percussão serão usados com sucesso, enriquecendo o conjunto, tornando assim, o estudo da flauta muito mais agradável

Boi da Cara Preta

Moderato

FOLCLORE BRASILEIRO

Boi, boi, boi! Boi da cara preta
Vem pegaro nenén Que tem medo de careta.

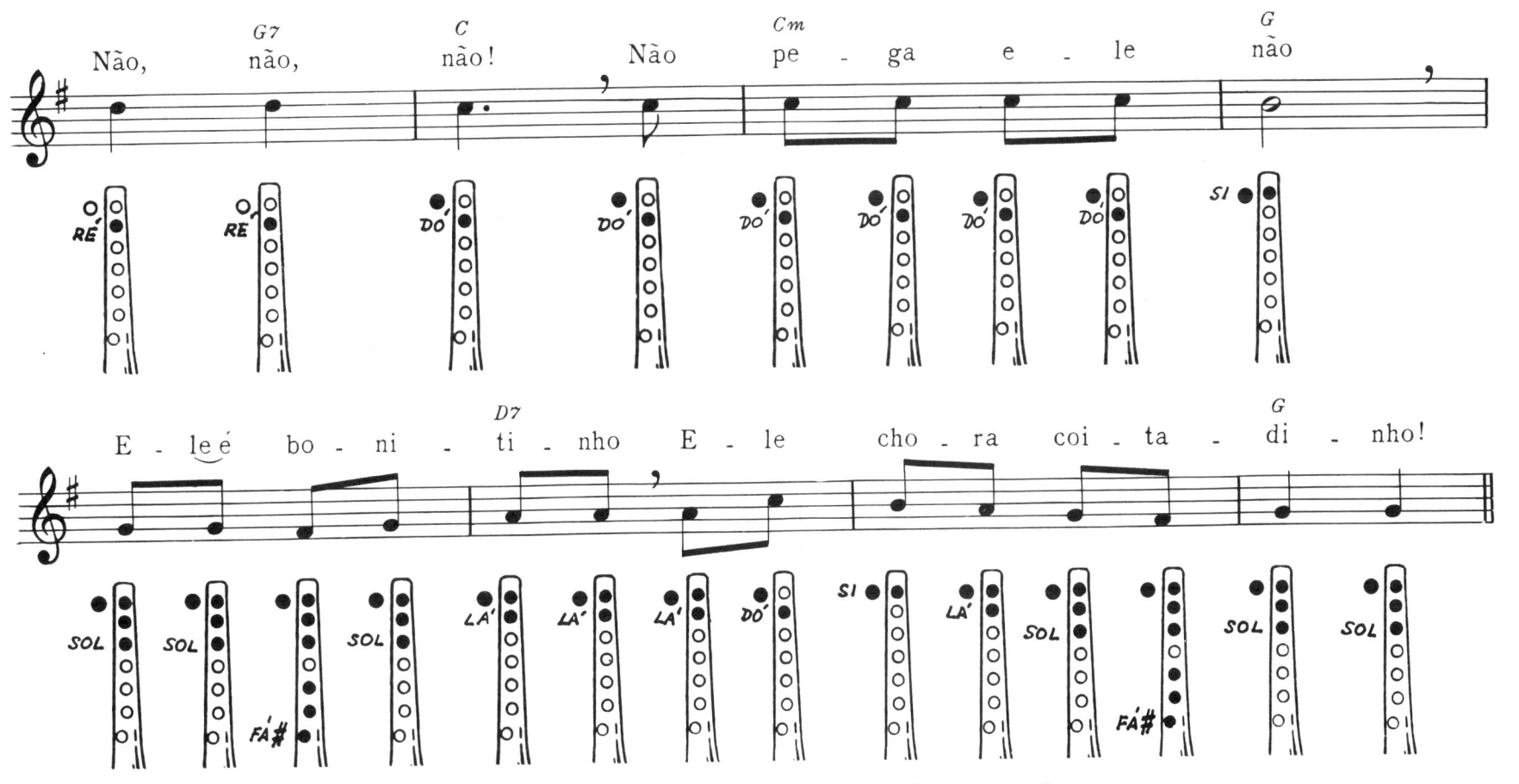

FLAUTA DOCE SOPRANO EM DÓ, GERMÂNICA

O presente livro foi elaborado para ser executado em Flauta Doce — Soprano em Dó — Germânica.

Há duas espécies de Flauta Doce Soprano: a Germânica e a Barroca. Diferenciam-se da seguinte maneira: na Germânica, o 5º furo é menor, e na Barroca o menor é o 4º.

As flautas Germânicas e Barrocas podem ter **8** e **10** furos, sendo que as de **10** furos trazem o **6º** e **7º** furos com furinhos duplos. Vide página 8.

Geralmente a Flauta Doce Barroca tem a letra **B** gravado atrás.

uma viagem ao estrangeiro

Vamos agora fazer uma viagem ao estrangeiro. Feche os olhos, concentre-se e pense que você está na França. Lá se fala a língua francesa, portanto, as crianças cantam em francês.

Assim como apreciamos as canções folclóricas que foram cantadas por nossos avós e bisavós, nossos amiginhos amam também as canções de seus antepassados.

A música folclórica representa a alma de um povo, e as crianças de cada país procuram cantá-la para que não caia no esquecimento.

Já imaginou? Você distante de sua terra natal, com saudade de seus parentes, seus professores, seus coleguinhas, e lá longe ouvindo canções muito bonitas, mas cantadas em outra língua?

Já pensou na saudade que você vai sentir desse seu Brasil tão querido? É o que acontece também com os meninos franceses que vêm para a nossa terra.

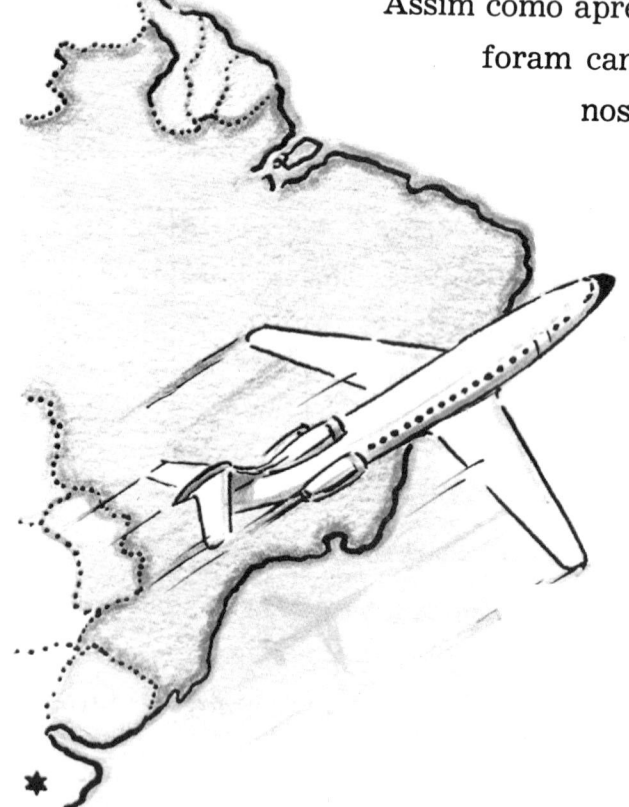

um menino brasileiro na França

Pense bem: você na França, e lá, numa hora qualquer, no meio daquelas crianças estrangeiras cantando suas belas canções em francês, escutasse lá num canto uma vozinha tristonha cantando assim:

> Nesta rua, nesta rua mora um anjo
> Que se chama, que se chama solidão.

Sabe o que iria acontecer? Você choraria de saudade e ao mesmo tempo sairia correndo para abraçar com alegria, o menino que estivesse cantando aquela canção, dizendo para ele: Você é Brasileiro!

Meu pequeno leitor:

> Vou dizer-lhe uma coisa
> E não pergunte por quê
> Se eu estivesse lá por perto
> Ia chorar com você!

Au clair de la lune

Moderato FOLCLORE FRANCÊS

Au clair de la lu - ne, Mon a - mi Pier - rot, Prê - te moi ta plu - me, Pour é - crir un mot.

SOL SOL SOL LA' SI LA' SOL SI LA' LA'
SOL SOL SOL LA' SI LA' SOL SI LA' LA' SOL

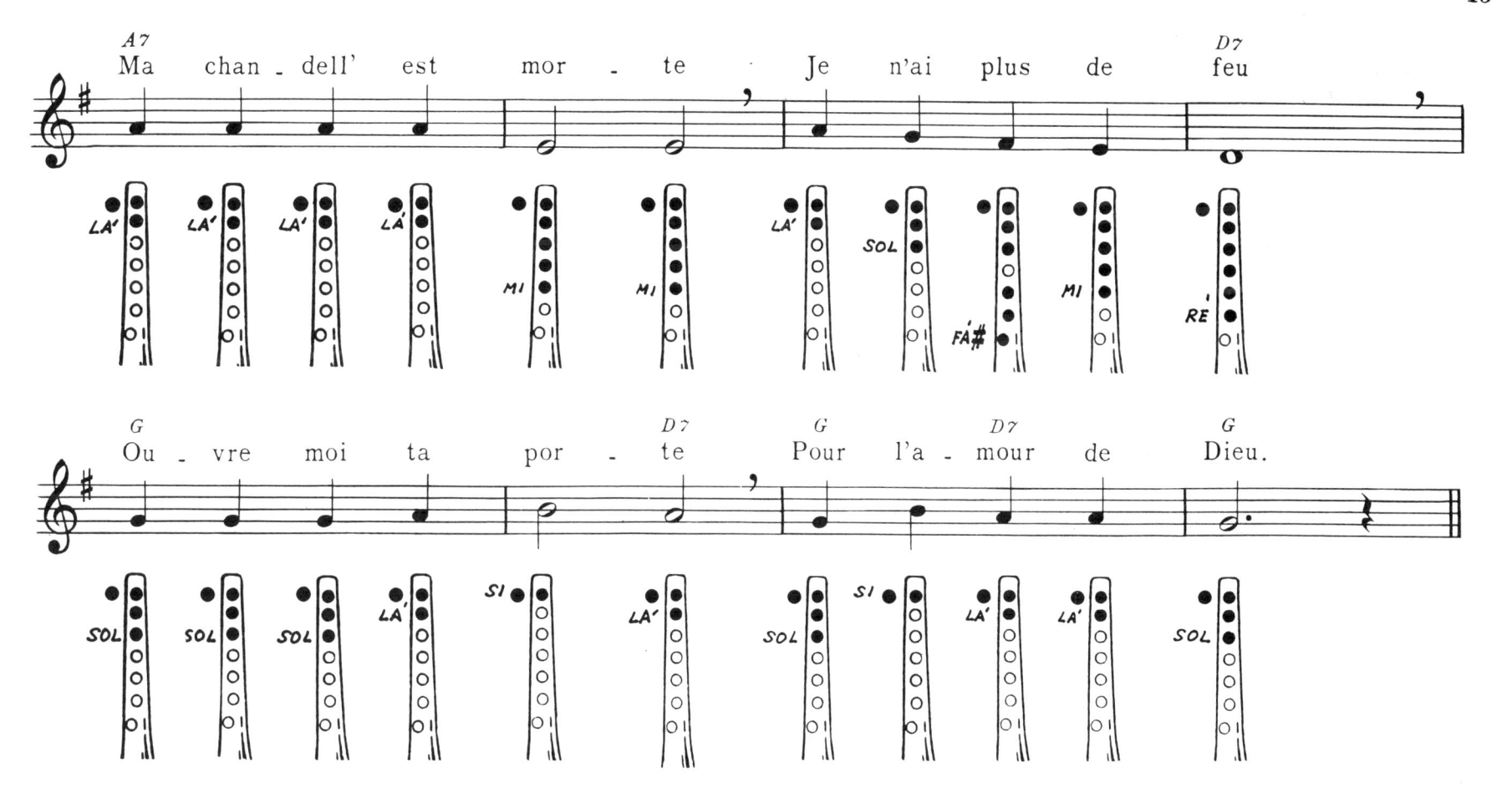

Au clair de la lune
Mon ami Pierrot
Prête moi ta plume
Pour écrir un mot.

Ma chandell' est morte
Je n'ai plus de feu
Ouvre moi ta porte
Pour l'amour de Dieu.

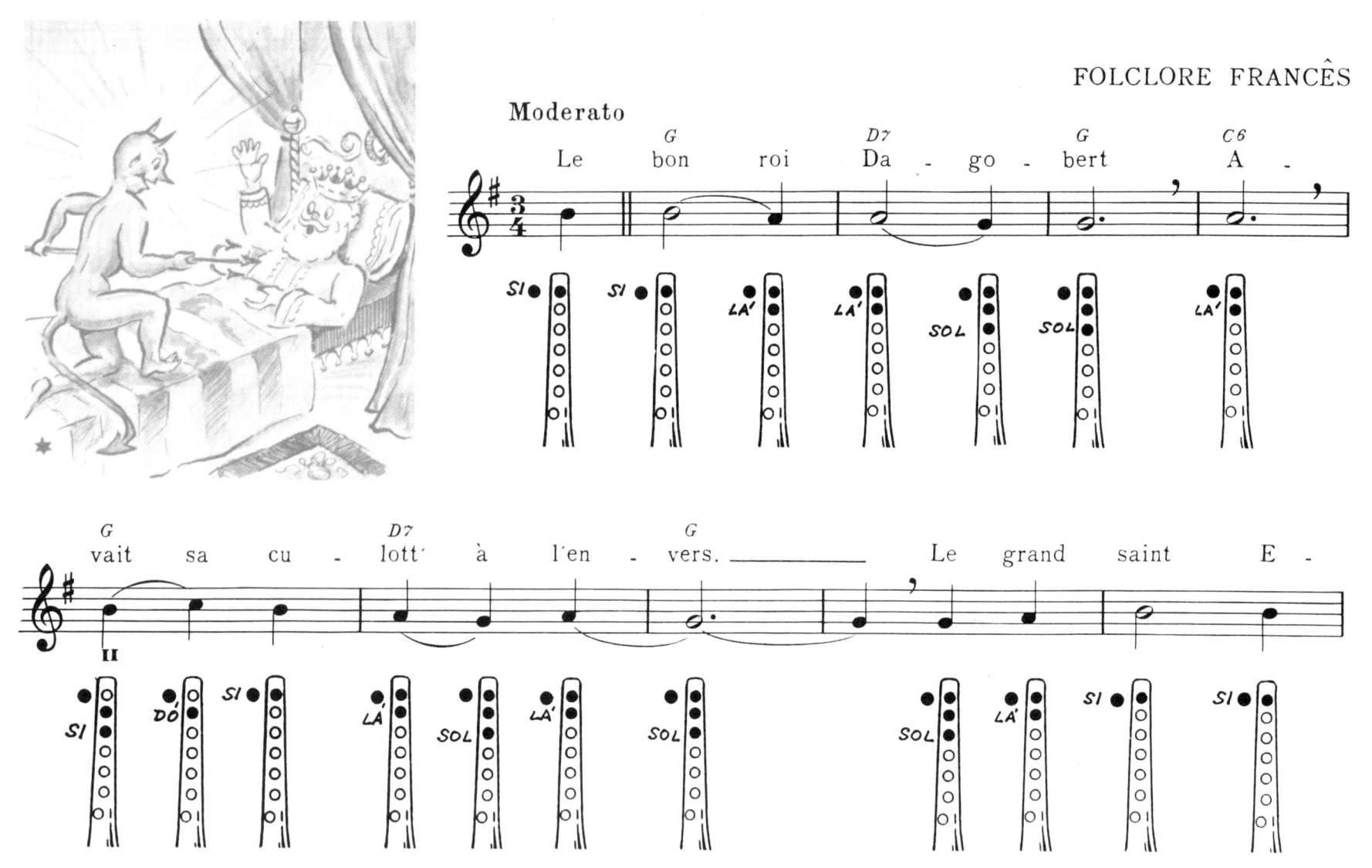

Le Bon Roi Dagobert

FOLCLORE FRANCÊS

Moderato

Le bon roi Da - go - bert A - vait sa cu - lott' à l'en - vers. Le grand saint E -

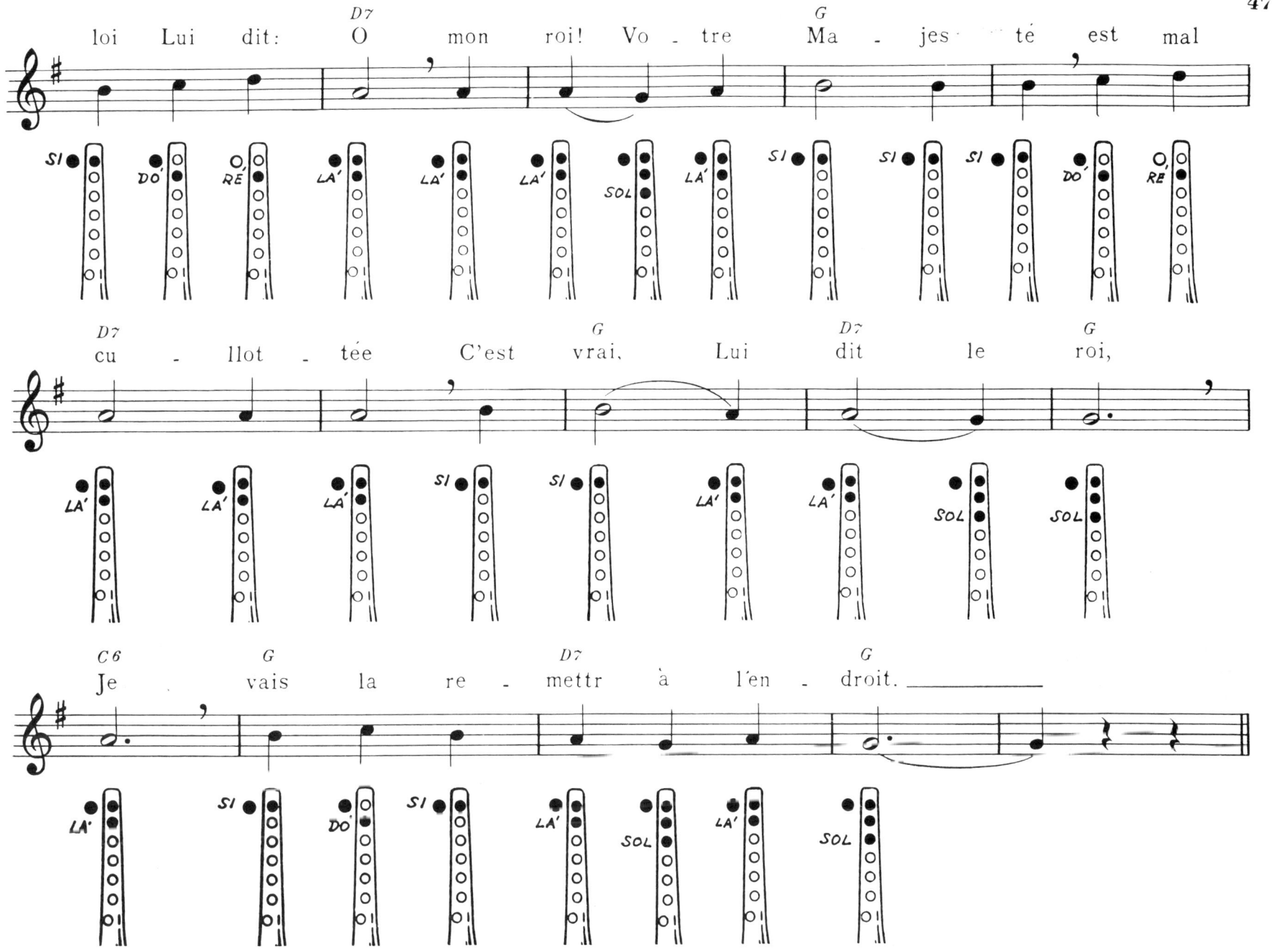

loi Lui dit: O mon roi! Votre Majesté est mal cu-llott-tée. C'est vrai, Lui dit le roi, Je vais la re-mettr à l'endroit.

Frère Jacques

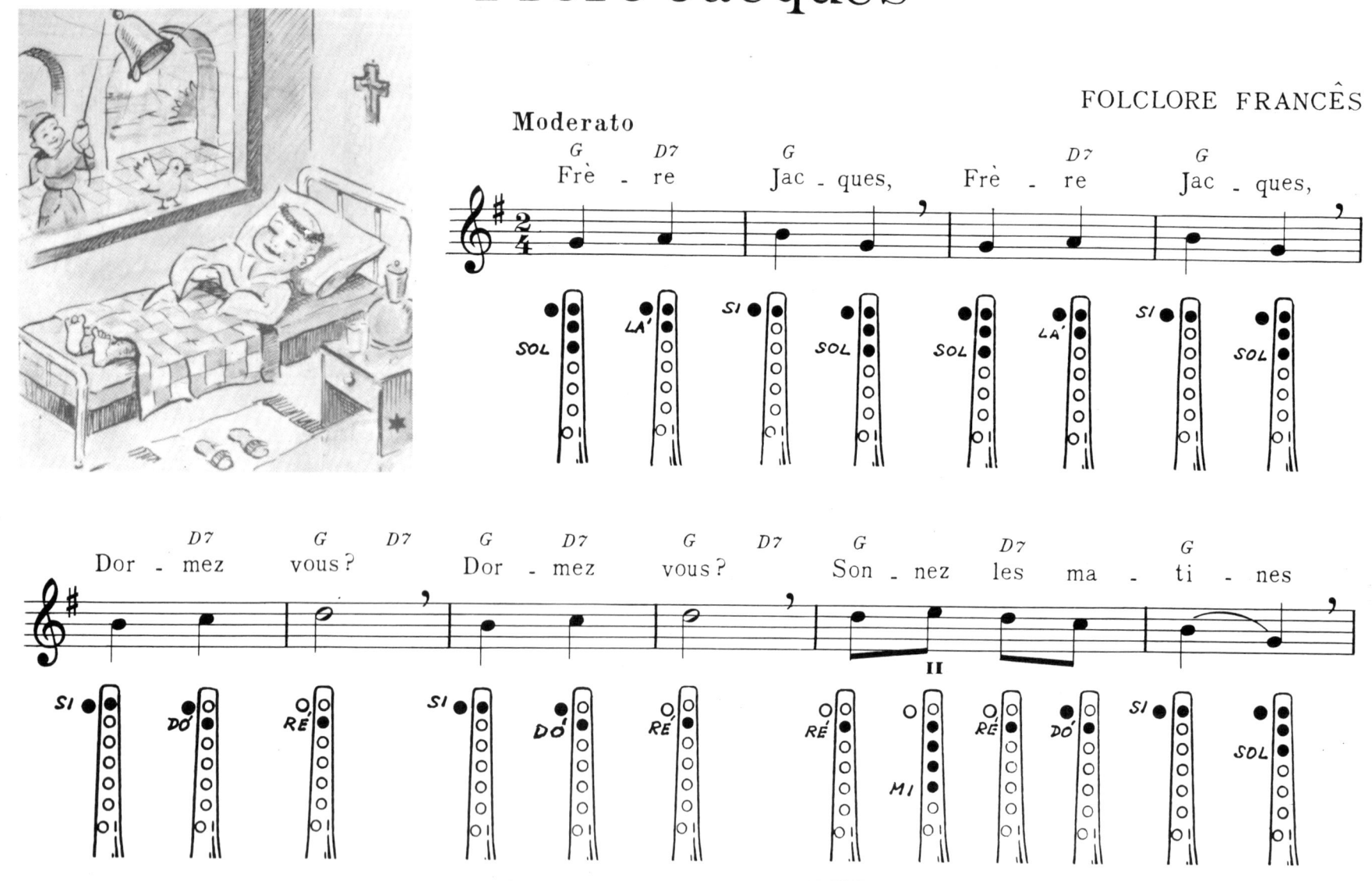

FOLCLORE FRANCÊS

Moderato

Frè - re Jac - ques, Frè - re Jac - ques,
Dor - mez vous? Dor - mez vous? Son - nez les ma - ti - nes

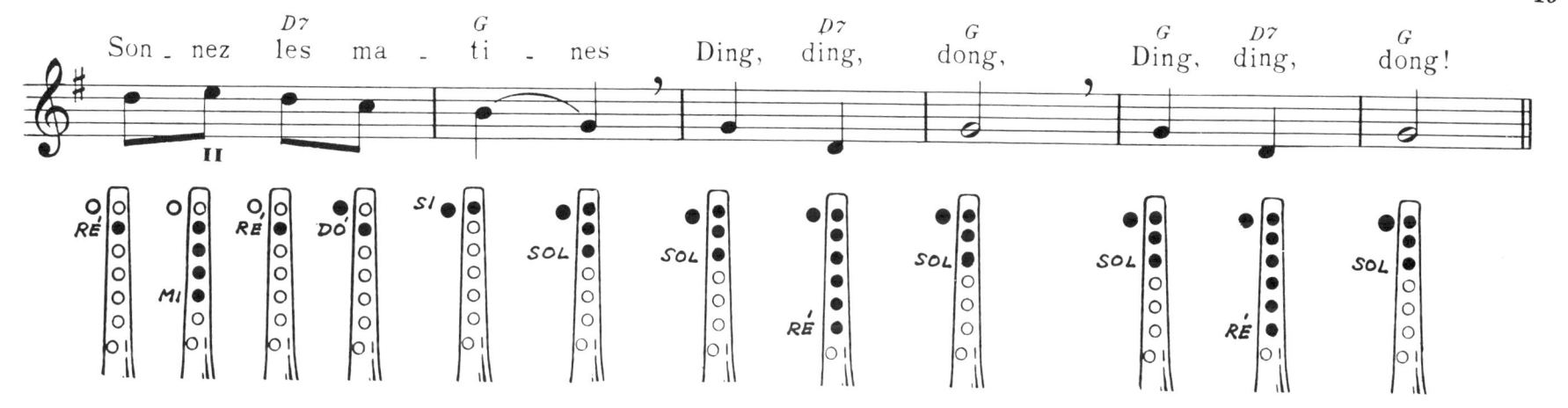

Frère Jacques, Frère Jacques
Dormez vous? Dormez vous?
Sonnez les matines
Sonnez les matines
Ding, ding, dong!
Ding, ding, dong!

Apesar deste livro denominar-se **"Brincando com a Flauta Doce"**, as inúmeras peças nele apresentadas nada mais são que **Exercícios em Forma de Canções**.

Você ficará entusiasmado com estas melodias e a proporção que for recebendo as lições teóricas de seu professor, cada vez ficará mais interessado e certamente vai querer estudar a sério.

Estamos certos de que após este livro, depois de haver executado com facilidade estas melodias, poderá começar, sem nenhum receio, o Primeiro Volume do método **"Minha Doce Flauta Doce"** e assim tornar-se um grande flautista.

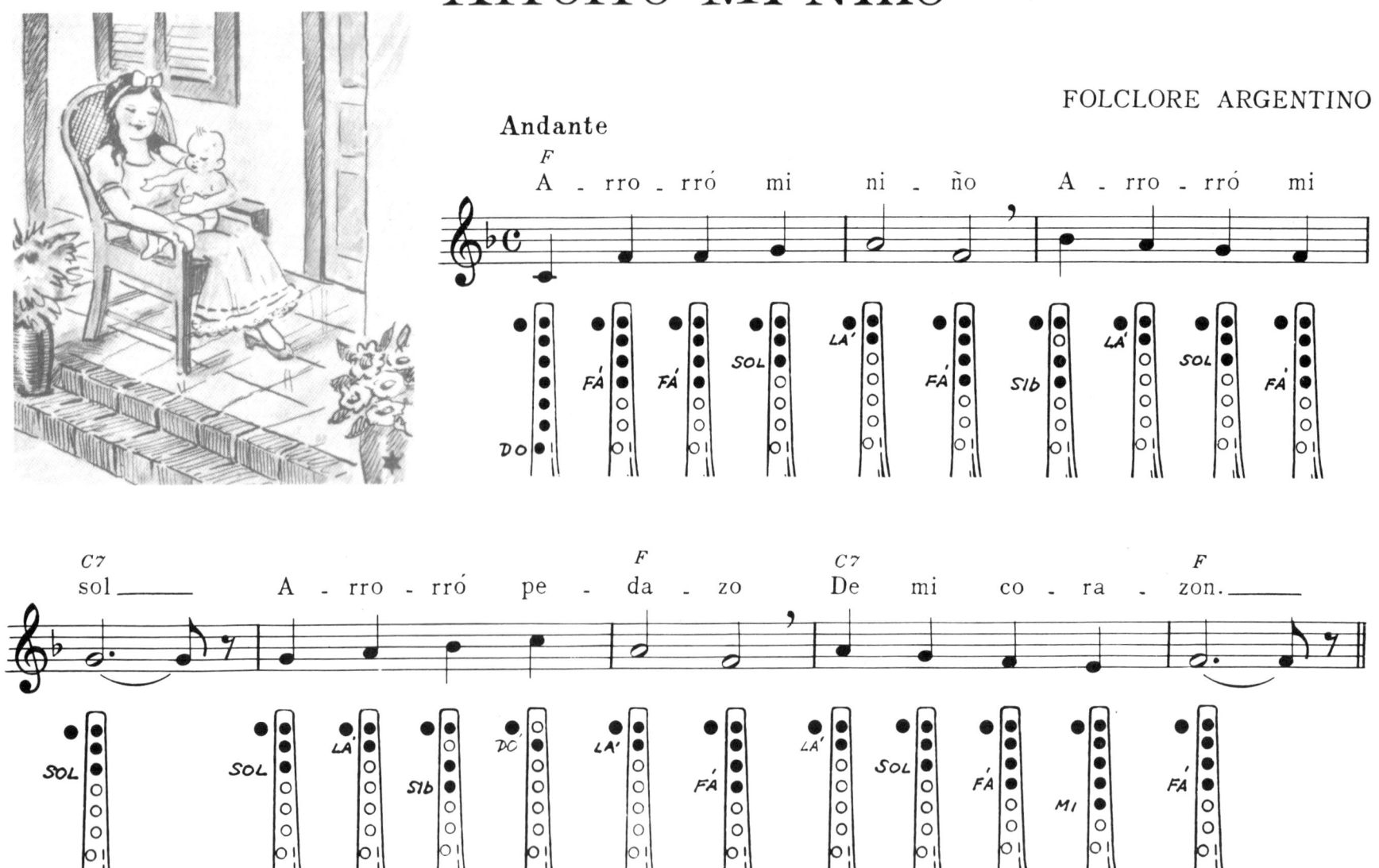

Arrorró Mi Niño

FOLCLORE ARGENTINO

Andante

Arrorró mi niño, Arrorró mi sol. Arrorró pedazo De mi corazón.

Duer-me te an-gel mi-o Duer-me te mi a-mor___ Al ru-mor del
can-to De mi tier-na voz___ A-rro-rró mi ni-ño
A-rro-rró mi sol___ A-rro-rró pe-da-zo De mi co-ra-zon.

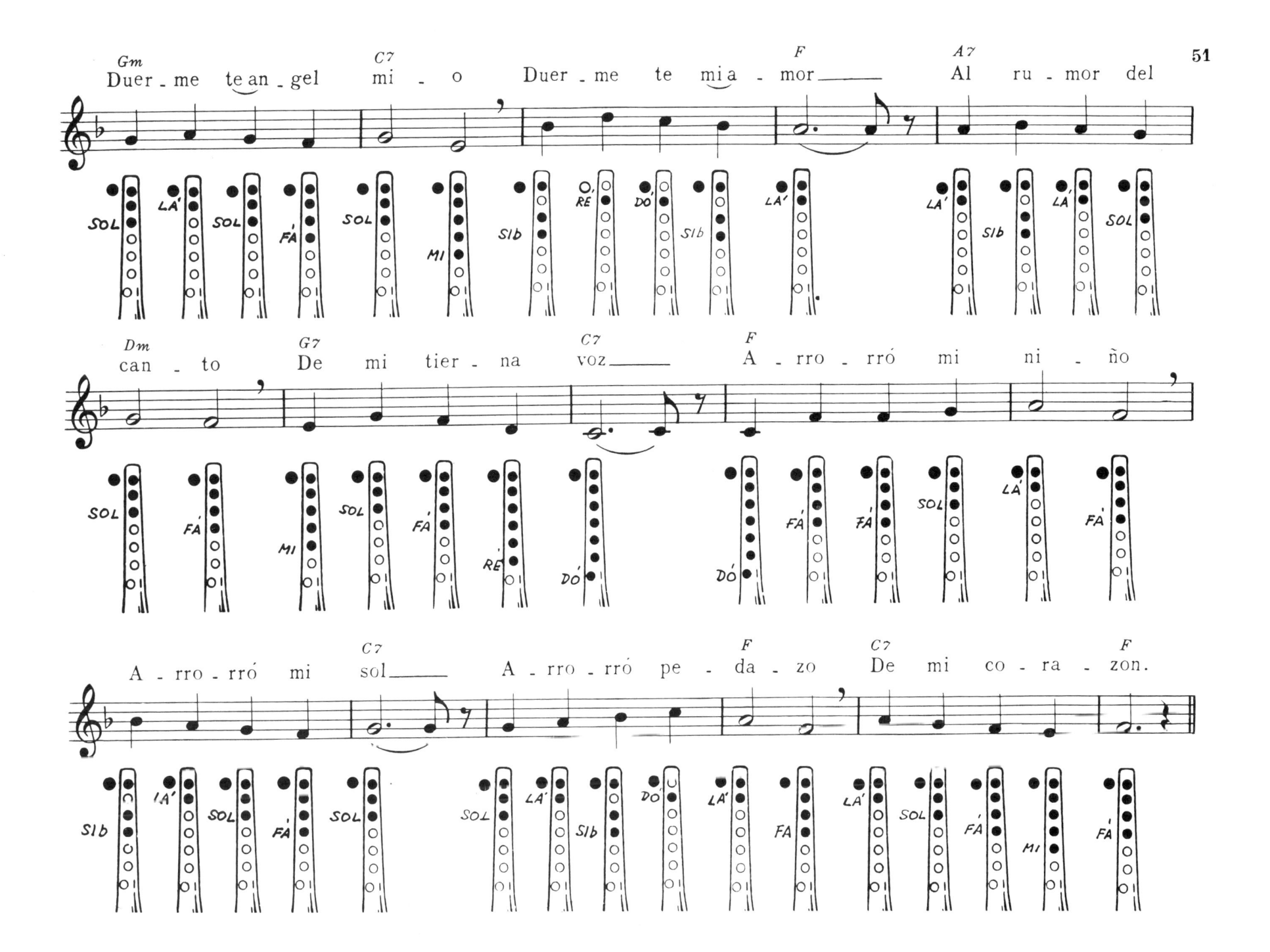

Oh! Susana

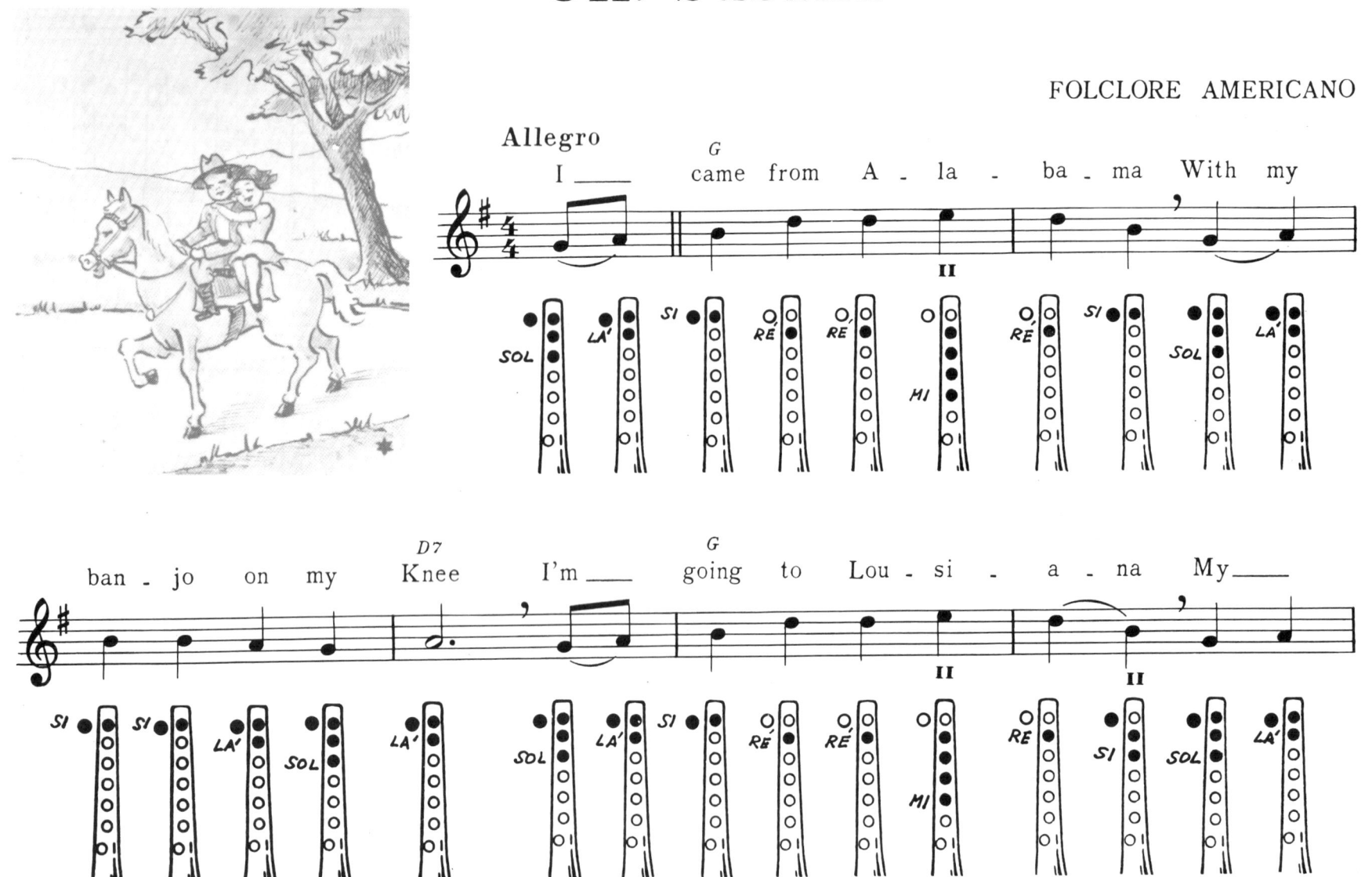

FOLCLORE AMERICANO

Allegro

I came from A-la-ba-ma With my ban-jo on my Knee I'm going to Lou-si-a-na My

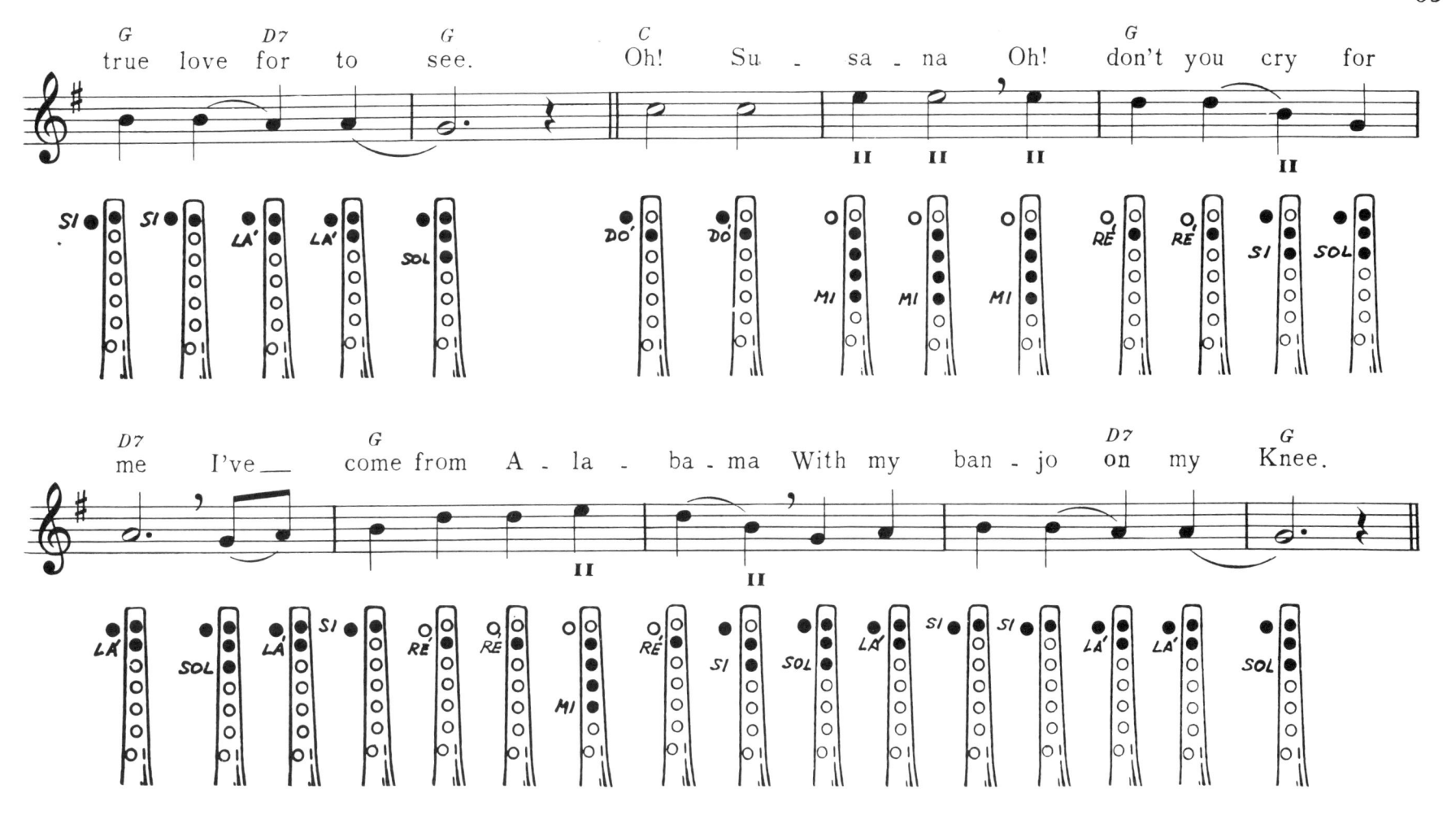

I came from Alabama
With my banjo on my Knee
I'm going to Lousiana
My true love for to see.

Oh! Susana!
Oh! don't you cry for me
I've come from Alabama
With my banjo on my Knee.

Old Folks at Home
(SWANEE RIVER)

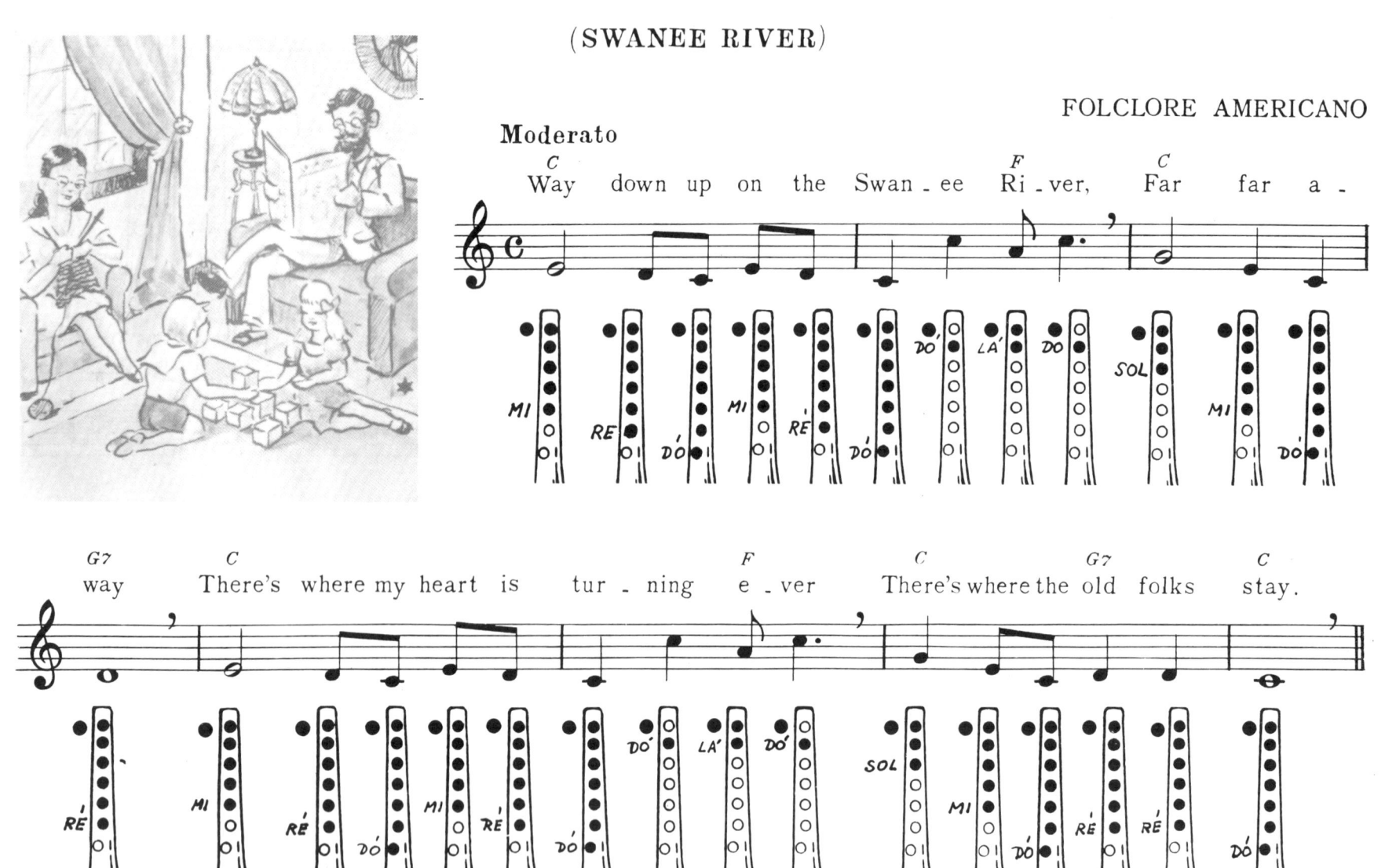

FOLCLORE AMERICANO

Moderato

Way down up on the Swa-ee Ri-ver, Far far a-way There's where my heart is tur-ning e-ver There's where the old folks stay.

All the wold is sad and drea_ry, Ev_'ry where I roam

Oh! Dark_ies how my heart grows wea_ry Far from the old folks at home.

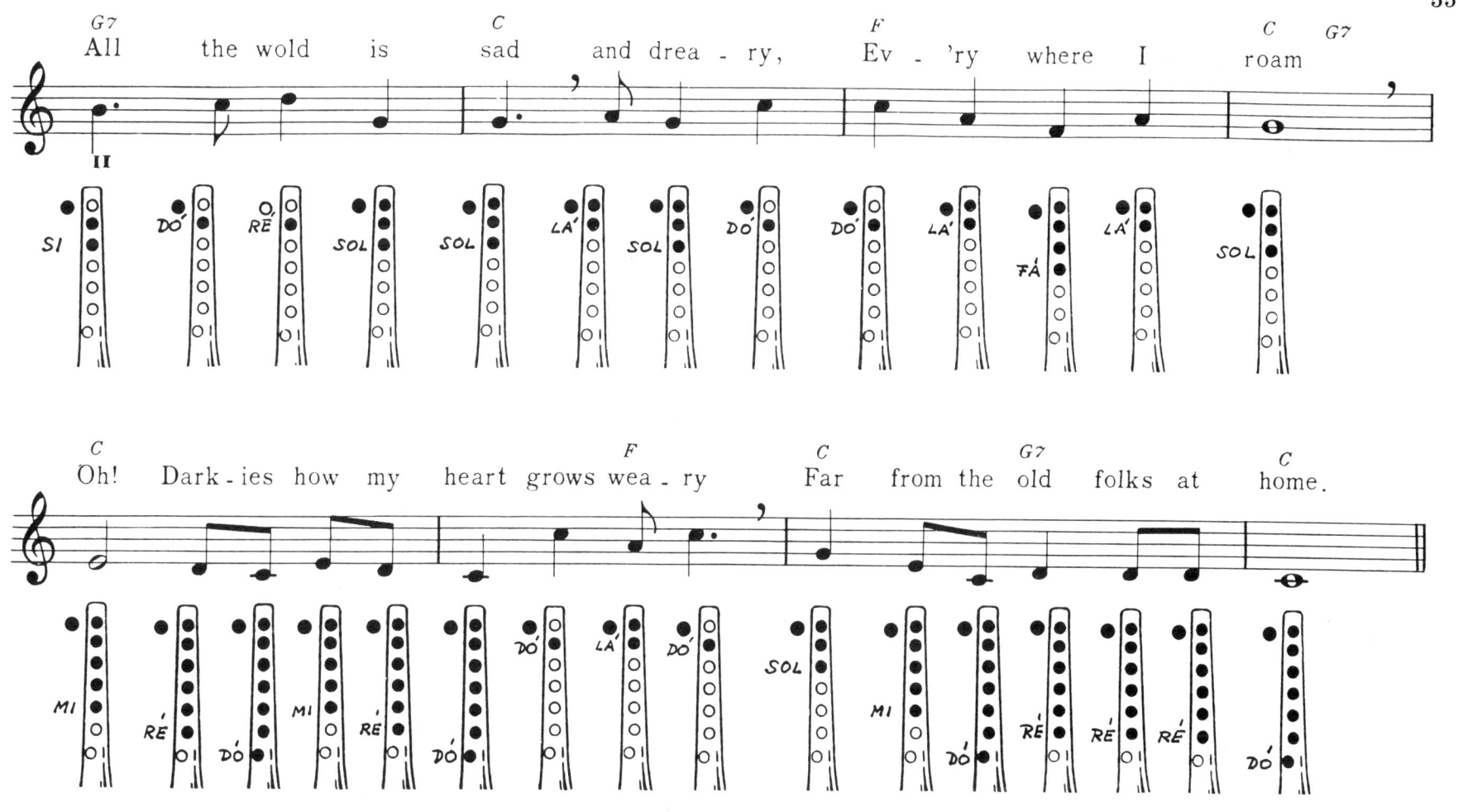

Todas as peças trazem a Cifragem, para que possam ser acompanhadas ao Piano ou Violão.

Assim, fica mais fácil executa-las nos ensaios para Bandinha Infantil, ficando a distribuição dos instrumentos de percussão a critério do professor.

Red River Valley

FOLCLORE AMERICANO

Allegro

From this valley, they say you are going___
I shall miss your sweet face and your smile___ Just be-

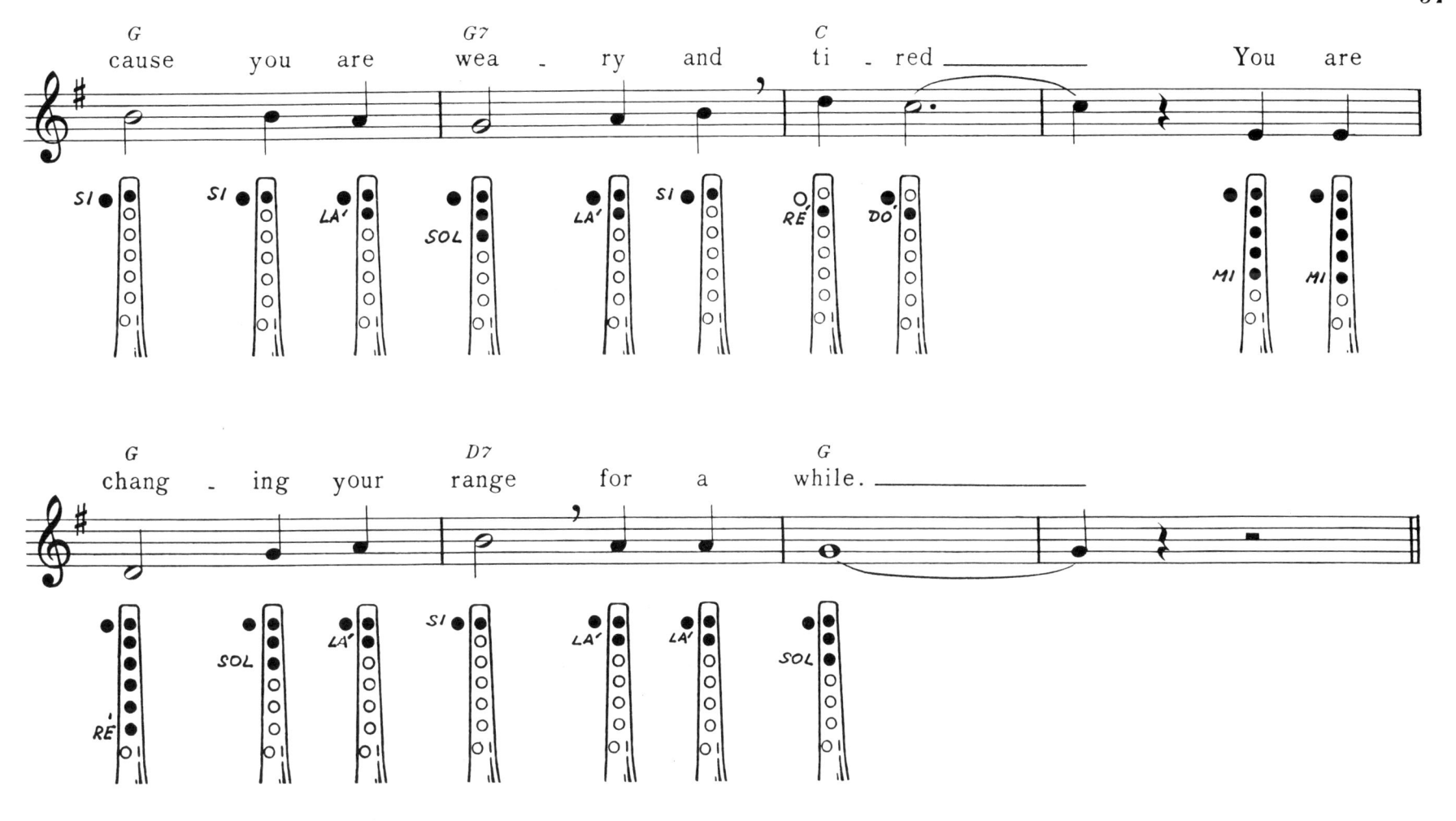

cause you are wea-ry and ti-red___ You are chang-ing your range for a while.___

Não sopre com muita força, toque suave e bonito, lembrando que a Flauta Doce é um instrumento suave, tocado pelos Pastores e pelos Anjos e que o Menino Jesus gostava muito de ouví-la.

Aloha Oe

FOLCLORE DO HAWAI

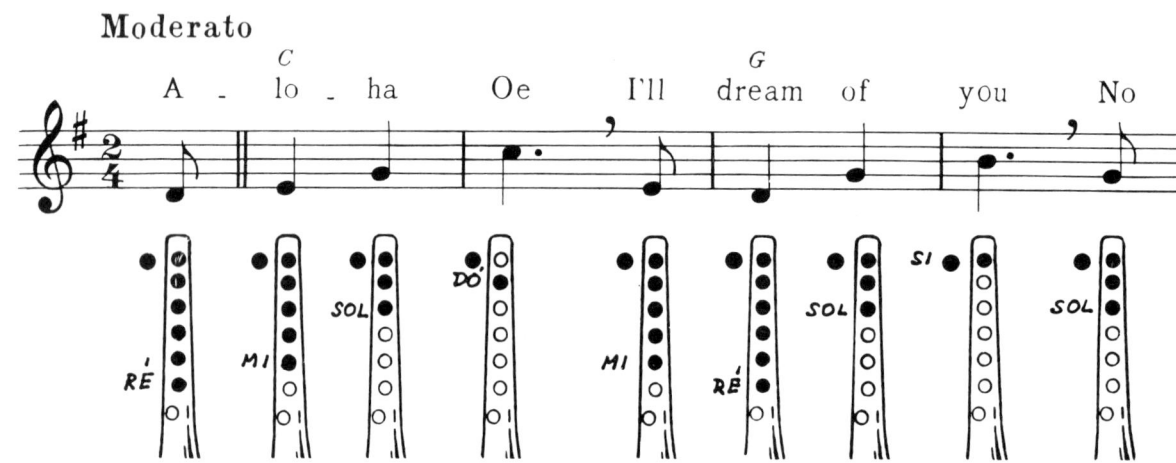

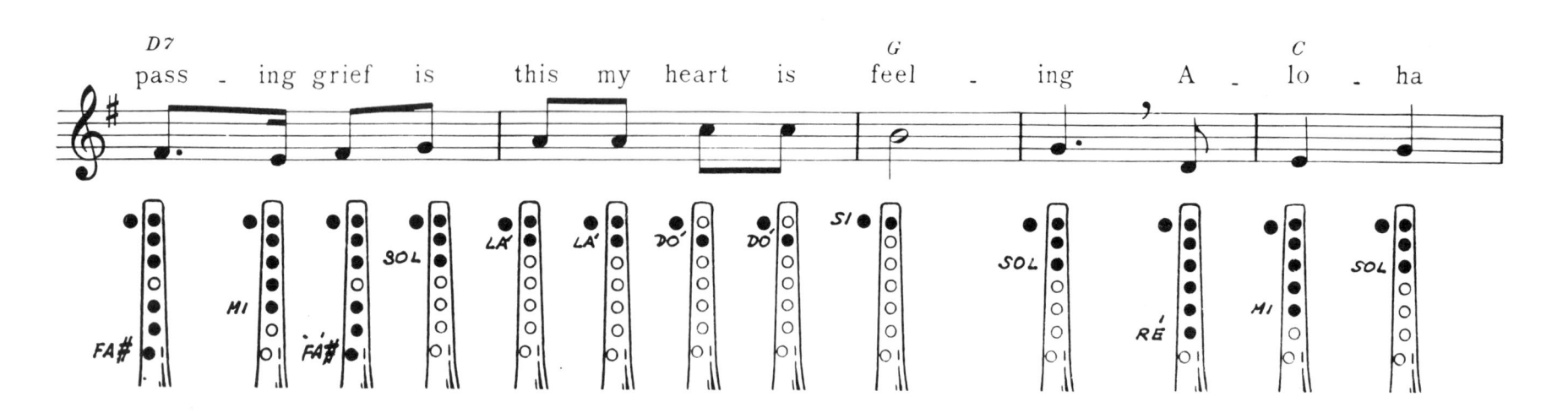

Moderato

A - lo - ha Oe I'll dream of you No passing grief is this my heart is feel - ing A - lo - ha

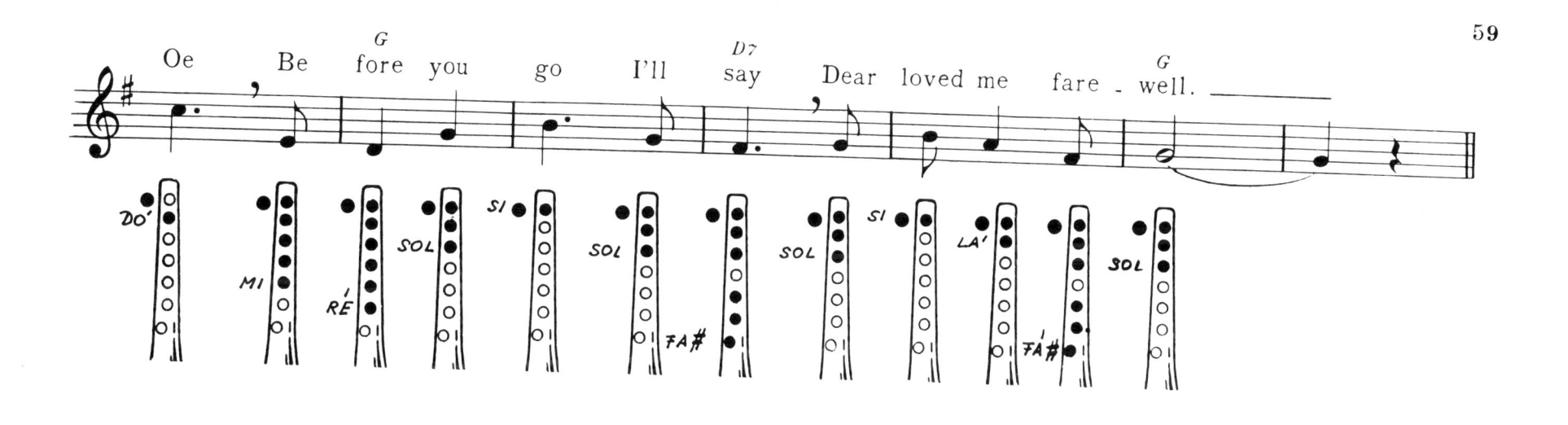

DUAS POSIÇÕES PARA O SI

Neste livro você pode usar duas posições para o SI: a I e a II posições. A primeira posição é mais empregada antes ou depois do LÁ. A II posição é empregada antes ou depois do DÓ.

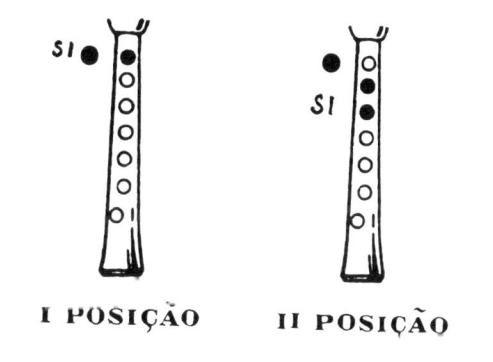

I POSIÇÃO   **II POSIÇÃO**

A razão de usar estas duas posições é para facilitar a digitação e a execução.

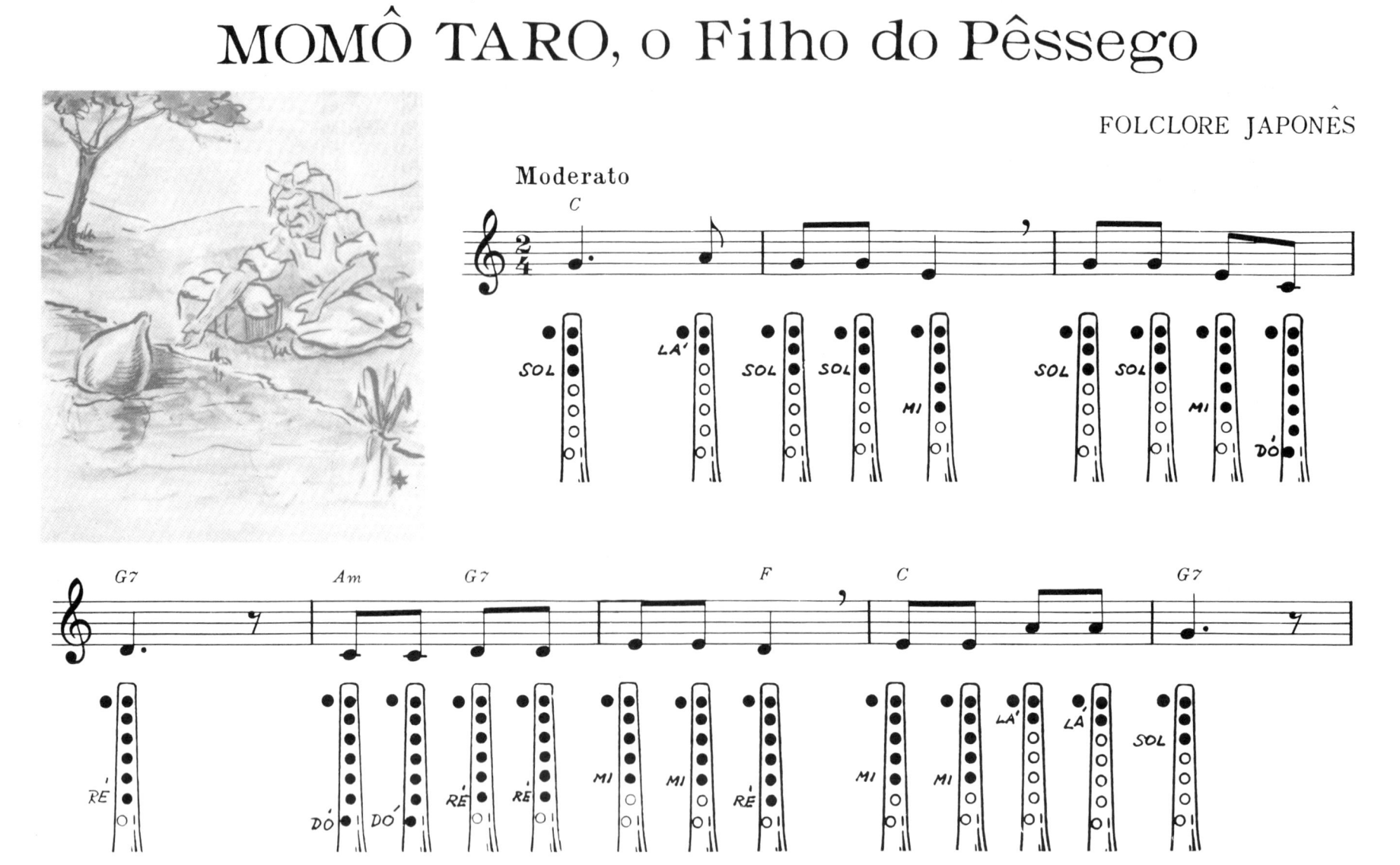

桃 太 郎
MOMÔ TARO, o Filho do Pêssego

FOLCLORE JAPONÊS

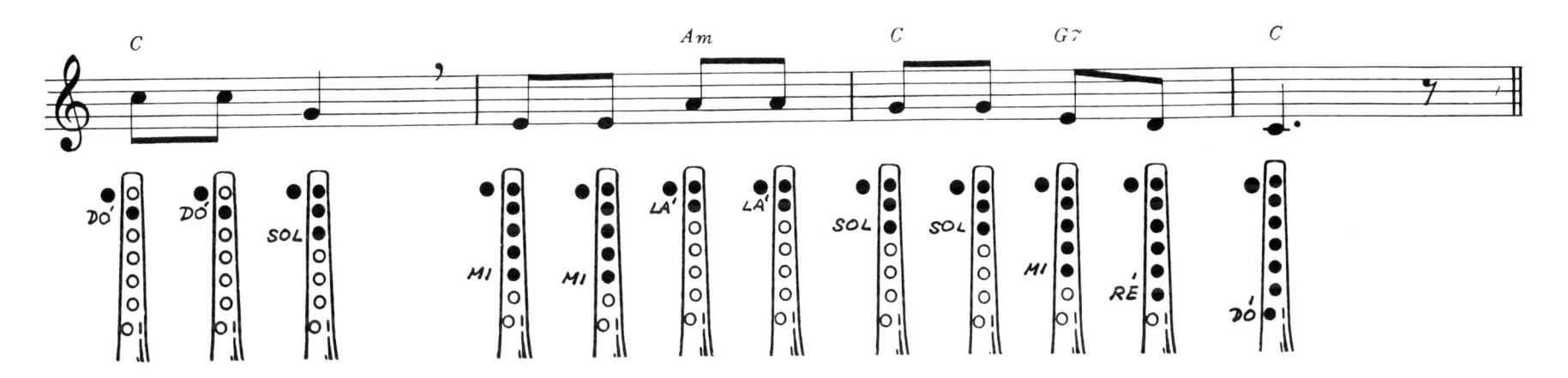

桃太郎さん　桃太郎さん
お腰につけた黍団子
一つわたしに下さいな

やりましょう　やりましょう
これから鬼の征伐に
ついて行くならやりましょう

行きましょう　行きましょう
あなたについて何処までも
家来になって行きましょう

história de Momô Taro

Era uma vez uma velhinha que foi lavar roupa na beira do rio. Com surpresa ela viu um grande pêssego boiando nas águas e o apanhou. Quando abriu o pêssego, viu que dentro dele estava um bonito nenen. Levou-o para casa, deu um banho nele e criou-o com todo carinho, como se fosse seu próprio filho. O menino cresceu e ficou um rapagão forte e valente. Deram-lhe o nome de Momô Taro «O filho do Pêssego».

Havia, no entanto, um caso muito sério naquela vilazinha japonesa; um diabo horrível e mau saia de sua ilha à noite e ia roubar as meninas para dar para os seus filhos. O menino Momô Taro resolveu um dia ir à ilha para matar o diabo, para que a pequena vila pudesse viver em paz. A velhinha lhe deu um embornal cheio de bolinhos de arroz e o velhinho, seu marido, lhe deu uma bandeira e uma espada. No caminho Momô Taro encontrou um cachorro e ofereceu a ele um bolinho de arroz se ele quisesse lhe ajudar a matar o diabo. O cachorro aceitou. Depois encontrou um bonito pássaro e ofereceu a ele um bolinho de arroz se ele quisesse ajudá-lo. O pássaro aceitou. Finalmente encontrou um macaco e fez a mesma proposta. O macaco aceitou.

Fizeram um barquinho de madeira, atravessaram o mar e chegaram na ilha bem em frente ao forte portão da casa do diabo! O pássaro voou, espionando do outro lado para ver onde estava a fechadura, o macaco abriu o trinco e o cachorro empurrou a porta. Quando o diabo apareceu, eles avançaram nele. O pássaro furou-lhe os olhos, o macaco fez-lhe cócegas debaixo dos braços, o cão lhe modeu as pernas e Momô Taro fincou-lhe a espada na barriga, matando-o.

Trouxeram as meninas de volta e jogaram os diabinhos no mar.

Voltaram triunfantes para a vilazinha japonesa e o povo viveu feliz para sempre.

Parabéns prá Você

MILDRED J. HILL

Moderato

Parabéns prá você
Nesta data querida
Muitas felicidades
Muitos anos de vida!

Alles neu macht der Mai
(TUDO FLORESCE EM MAIO)

FOLCLORE ALEMÃO

Allegro

Alles neu macht der Mai, macht die Seele frisch und frei. Laßt das Haus, kommt hinaus, windet einen Strauß!

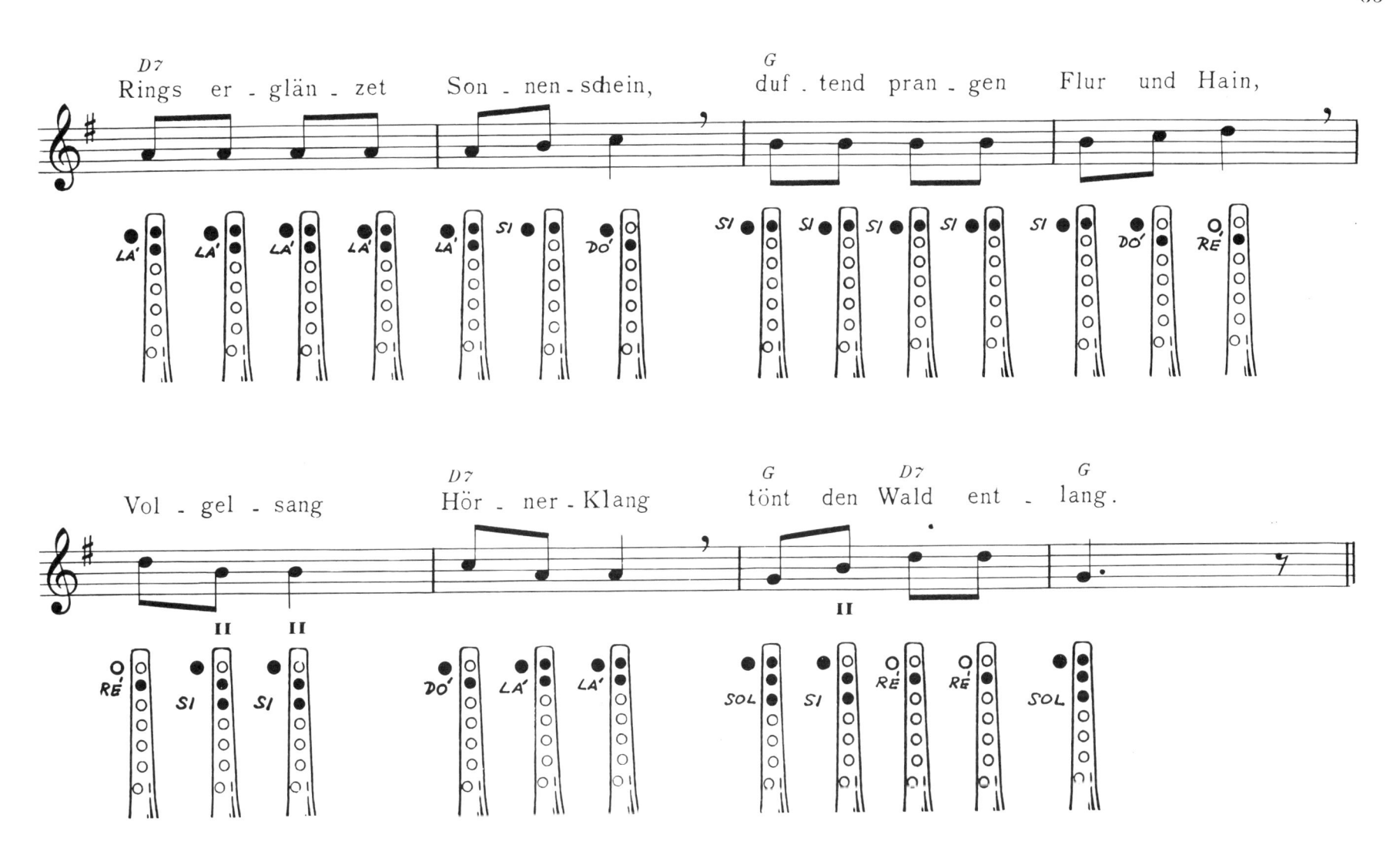

Rings er-glän-zet Sonnenschein, duftend prangen Flur und Hain, Vogelsang Hörner-Klang tönt den Wald entlang.

Atenção para que nenhum furo esteja mal tapado, pois a nota sai desafinada.

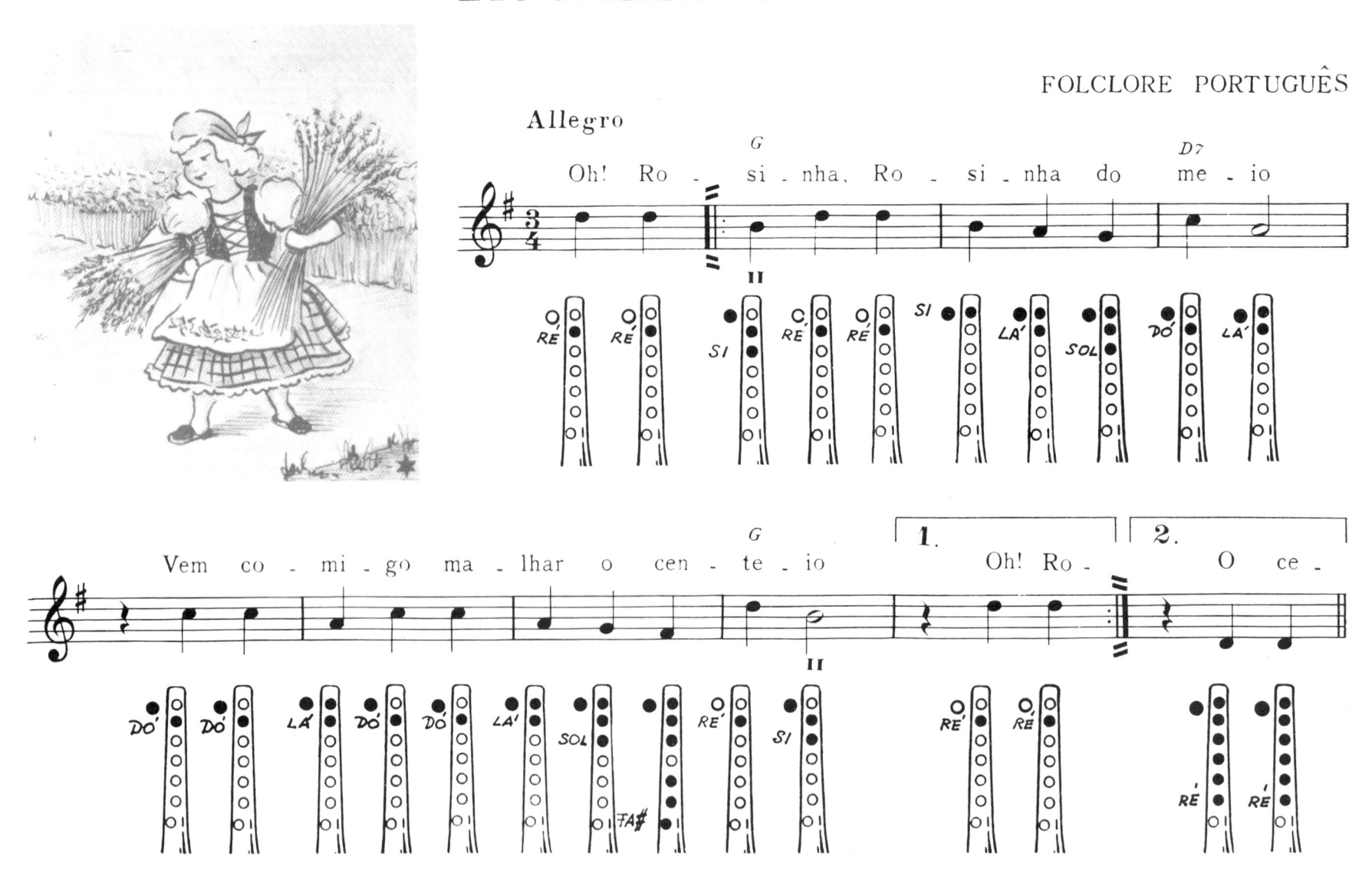

Rosinha do Meio

FOLCLORE PORTUGUÊS

Allegro

Oh! Ro - si - nha, Ro - si - nha do me - io

Vem co - mi - go ma - lhar o cen - te - io   1. Oh! Ro -   2. O ce -

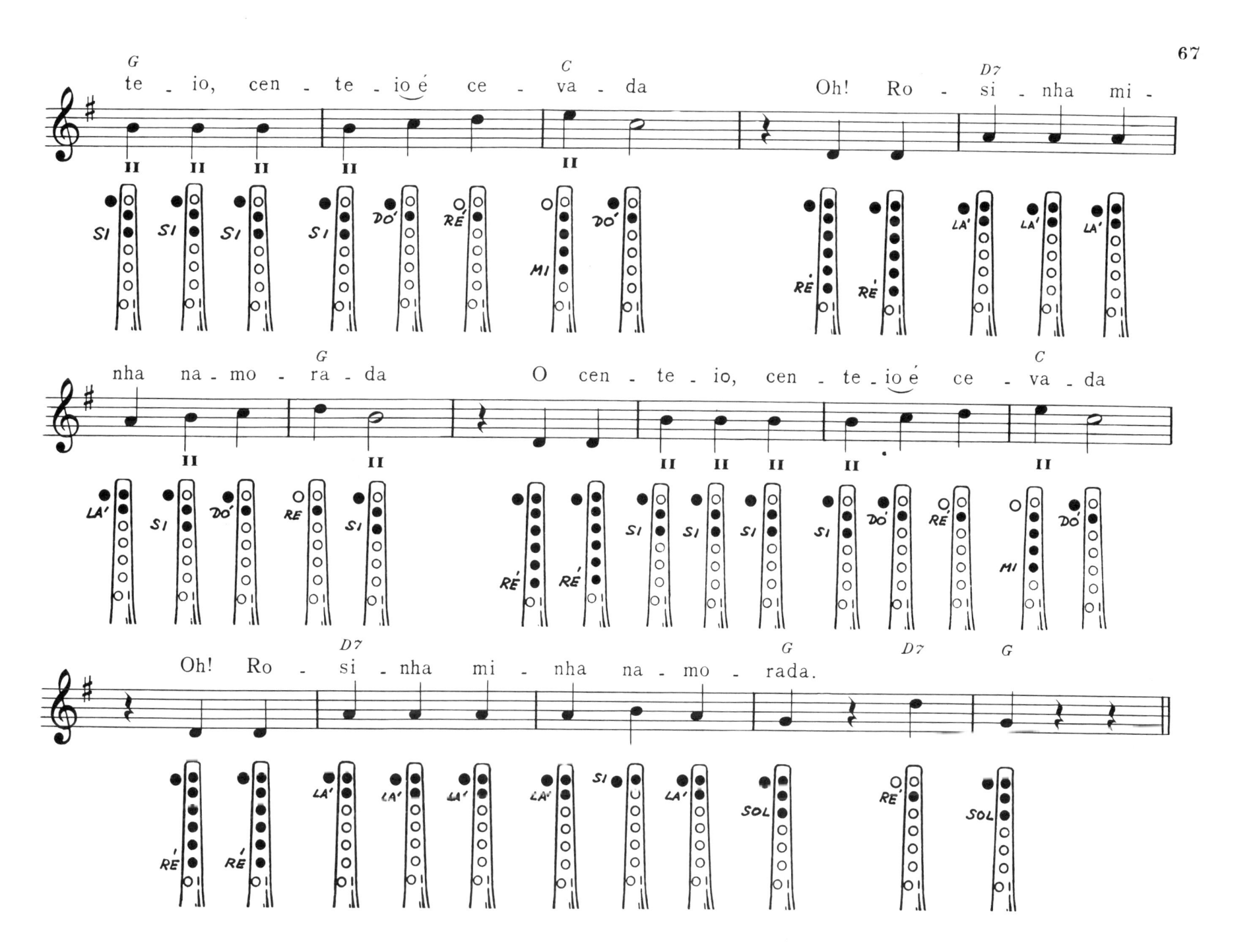

te‿io, cen‿te‿io é ce‿va‿da   Oh! Ro‿si‿nha mi‿nha na‿mo‿ra‿da   O cen‿te‿io, cen‿te‿io é ce‿va‿da   Oh! Ro‿si‿nha mi‿nha na‿mo‿rada.

Noite Feliz!

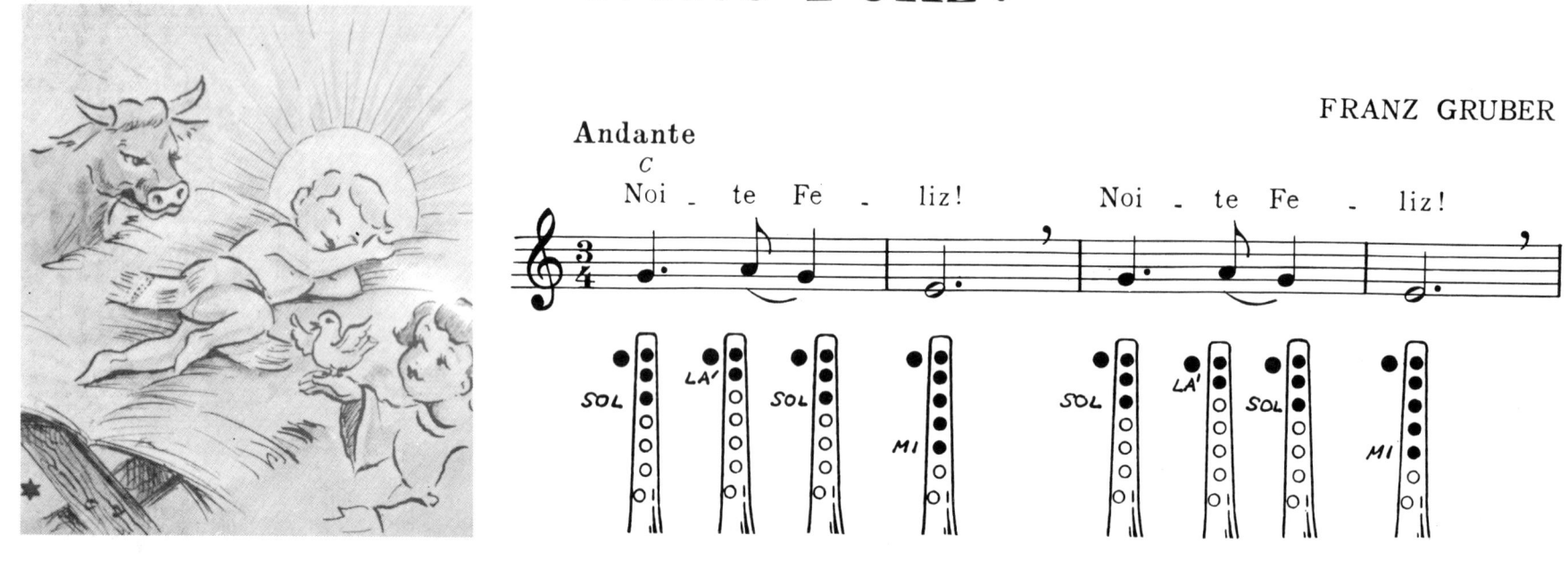

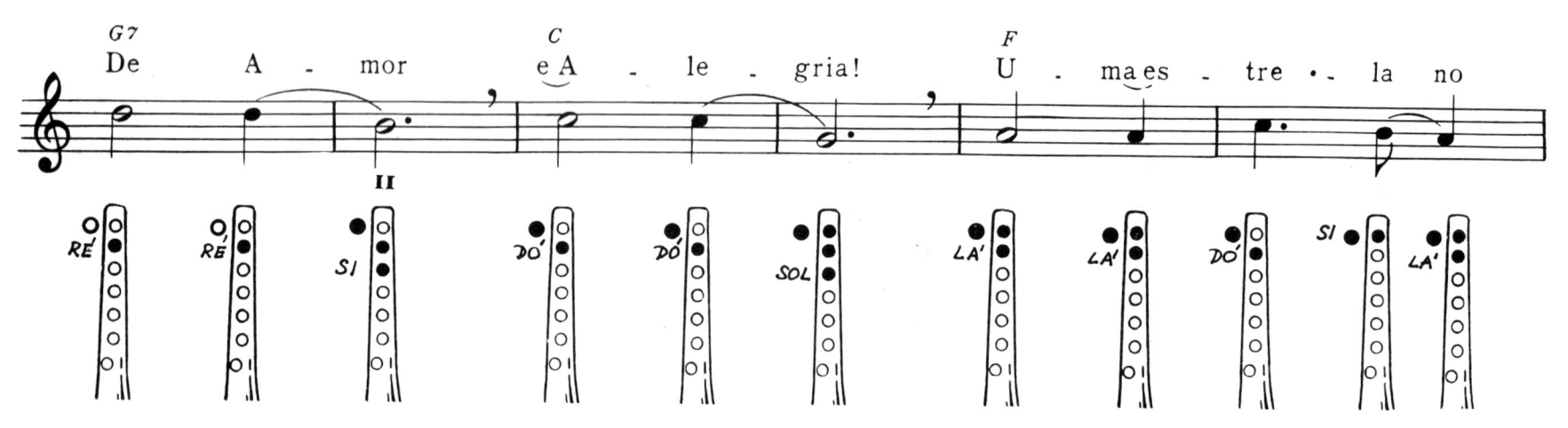

FRANZ GRUBER

Andante

Noi - te Fe - liz! Noi - te Fe - liz!
De A - mor e A - le - gria! U - ma es - tre - la no

ceu anuncia Que nasceu o Menino Jesus

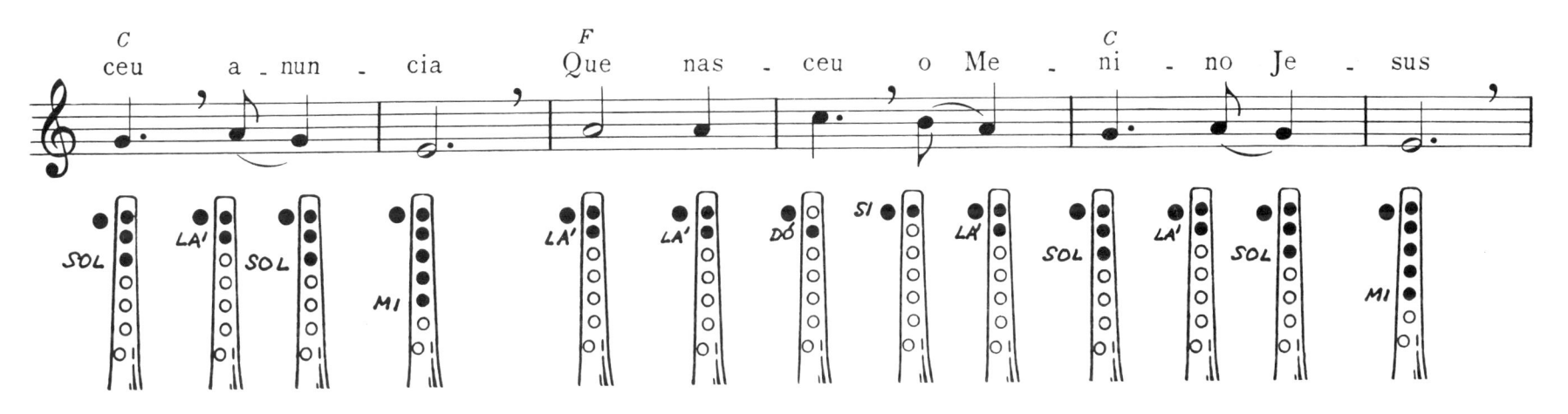

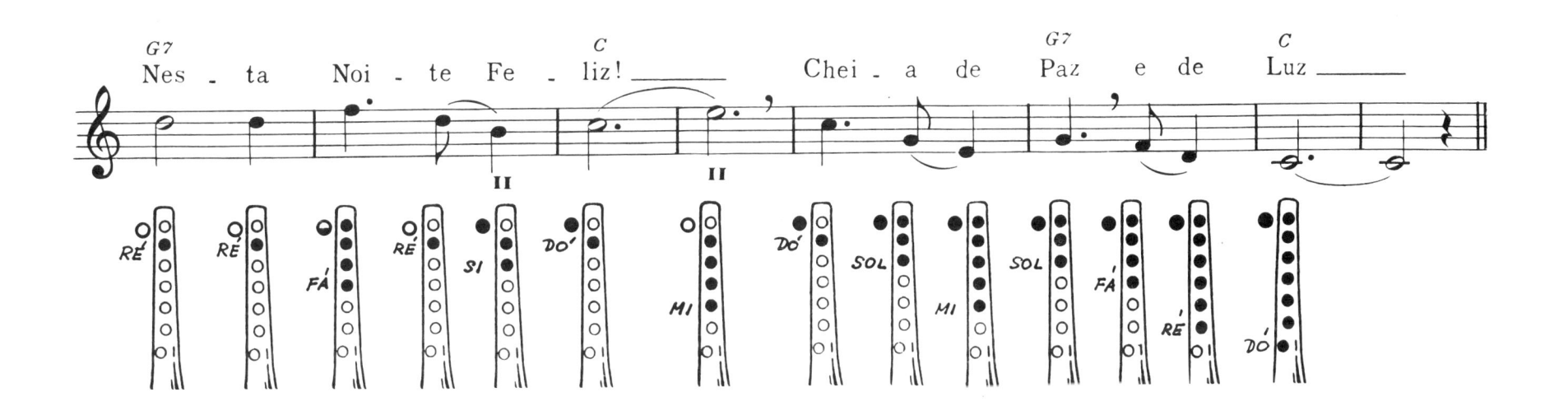

Nesta Noite Feliz! Cheia de Paz e de Luz

A parte Teórica, você aprende com seu professor, pois este livro é apenas uma coleção de melodias fáceis para Flauta Doce, cuja finalidade é lhe estimular para que siga depois o estudo a sério.

Ondas do Danúbio

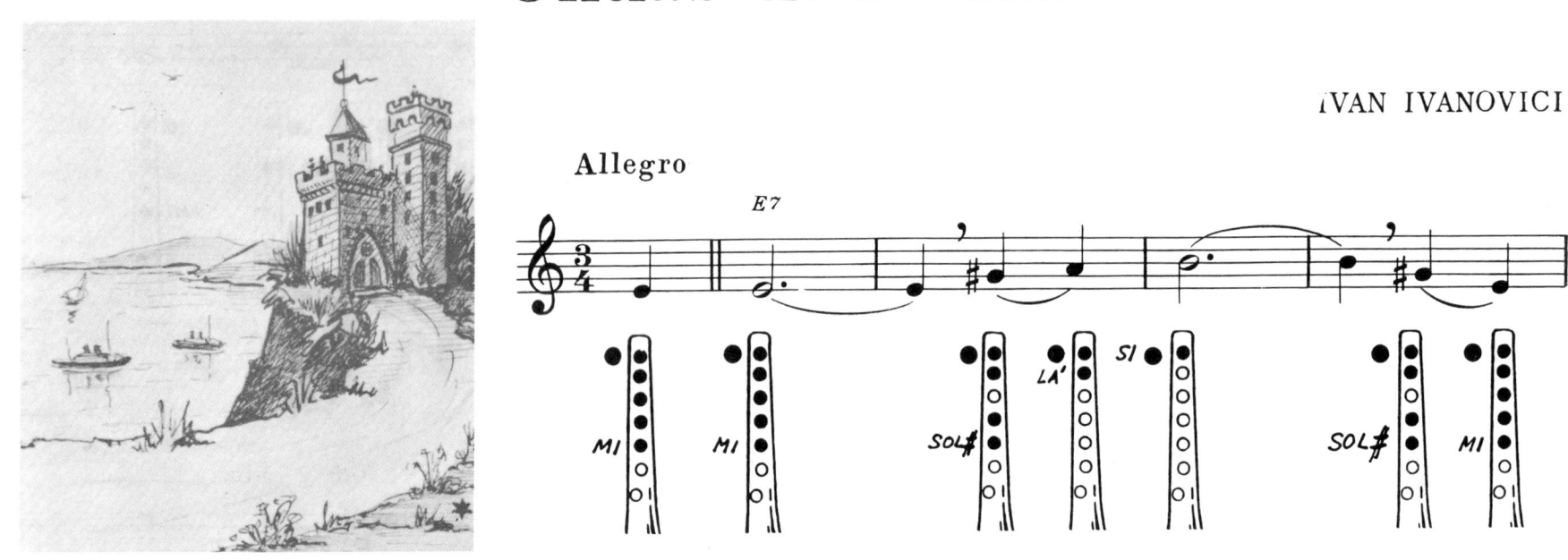

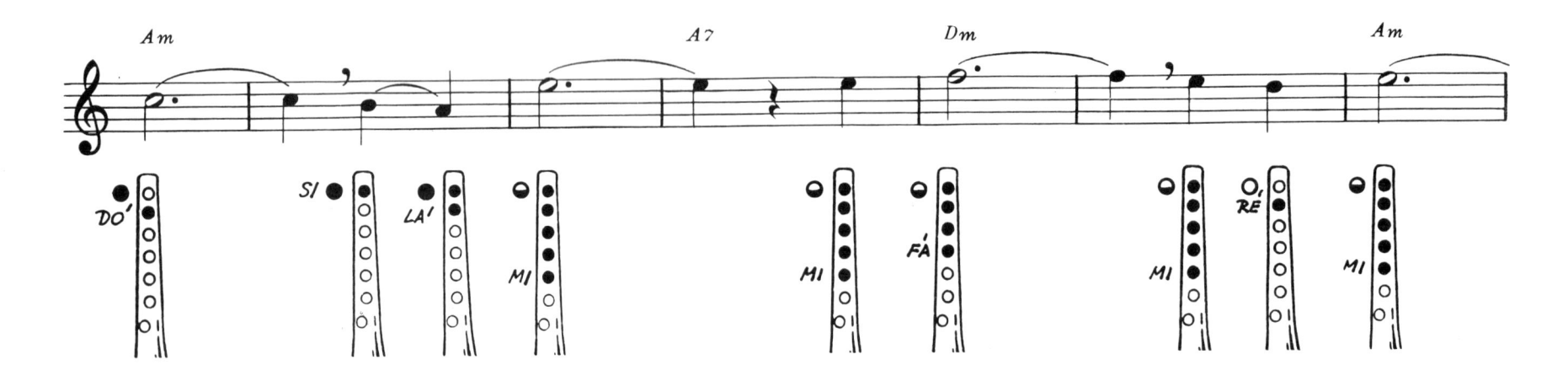

IVAN IVANOVICI

Allegro

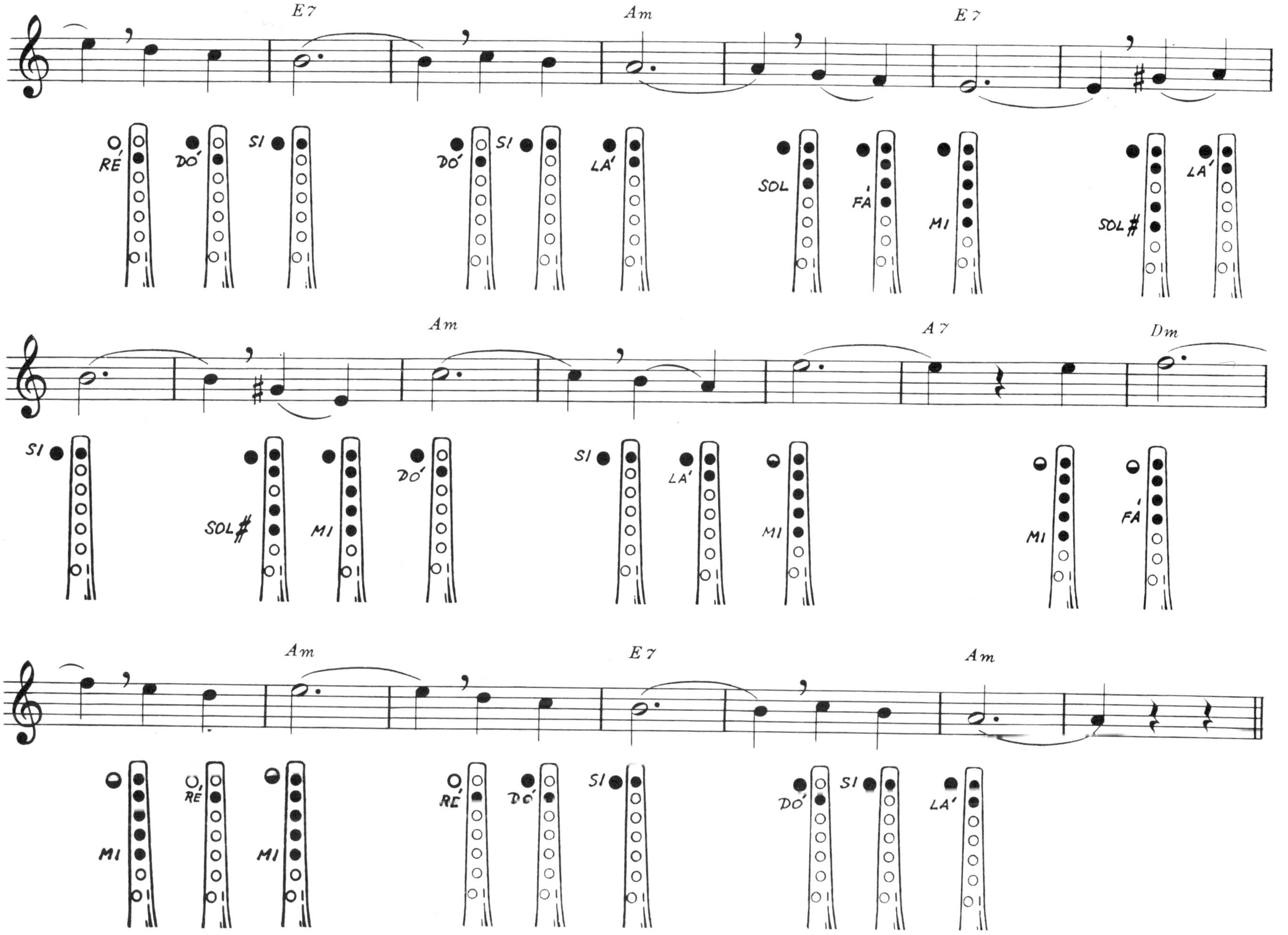
E7
Am
E7
RÉ
DÓ
SI
DÓ
SI
LÁ
SOL
FÁ
MI
SOL#
LÁ
Am
A7
Dm
SI
SOL#
MI
DÓ
SI
LÁ
MI
MI
FÁ
Am
E7
Am
MI
RE
MI
RÉ
DÓ
SI
DÓ
SI
LÁ

Viene Sul Mar

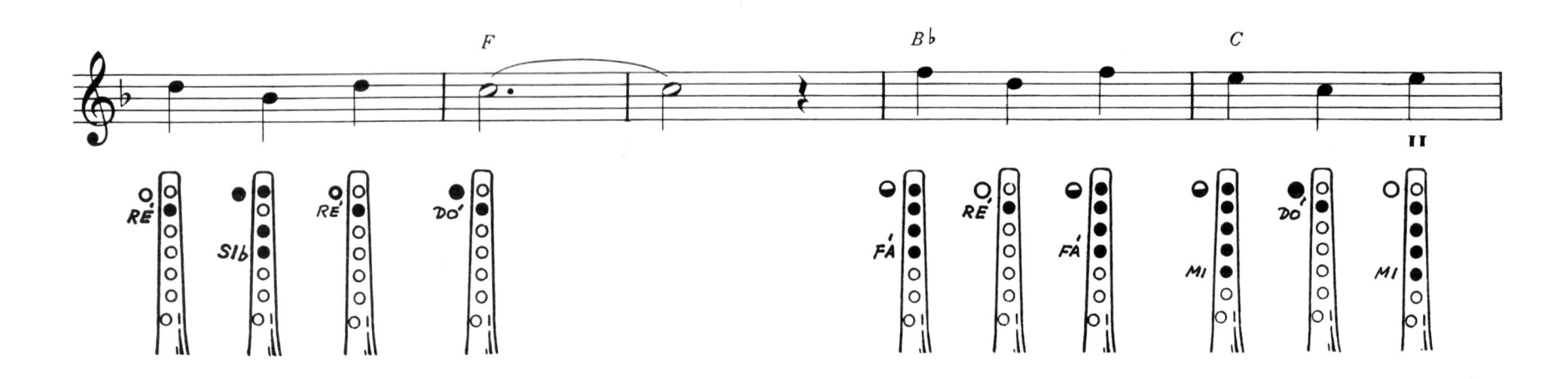

CANÇÃO ITALIANA

Moderato

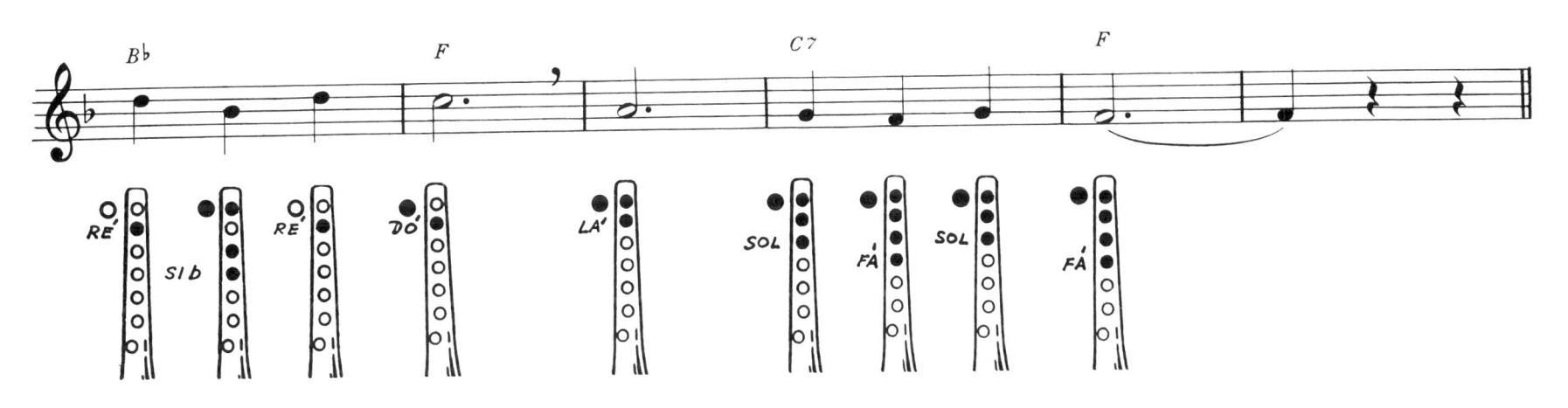

DUAS POSIÇÕES PARA O MI

Você encontrará também neste livro duas posições para o MI: a I e a II. A segunda posição é empregada na passagem do RÉ para o MI 8ª *Acima*.

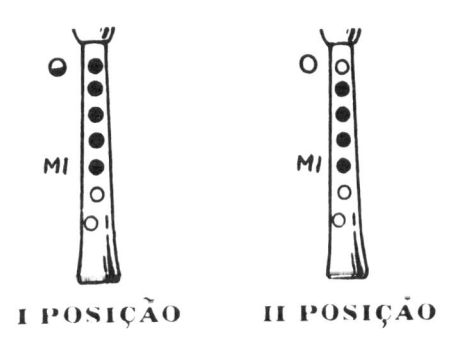

I POSIÇÃO **II POSIÇÃO**

A primeira posição tem o furo de trás fechado pela metade.

Para fechá-lo pela metade, tomba-se o polegar esquerdo num pequeno movimento para um dos lados, levantando-o um pouco, até destapar a metade do orifício.

Berceuse

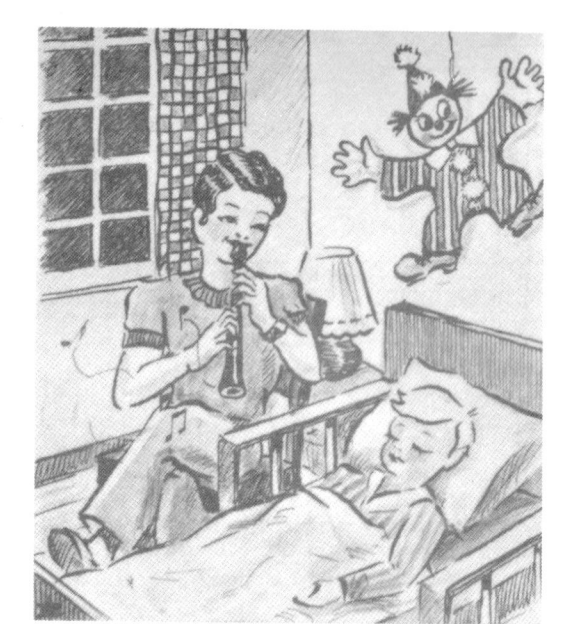

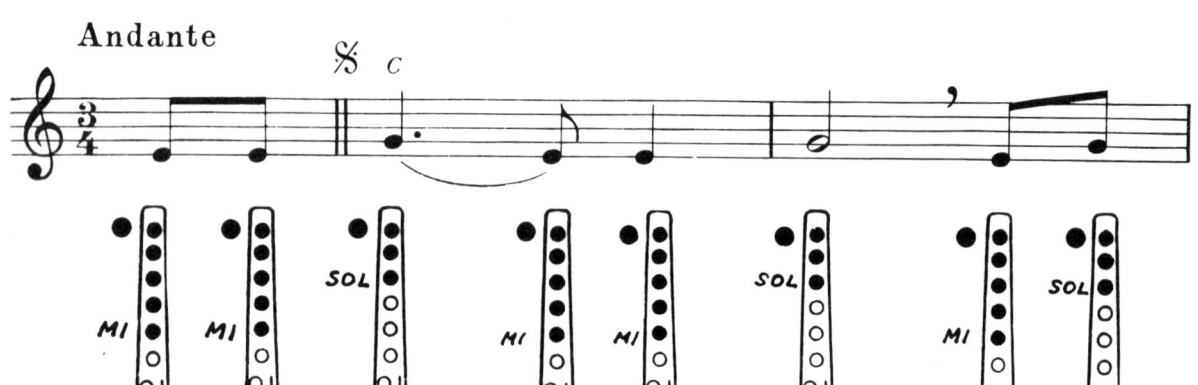

J. BRAHMS

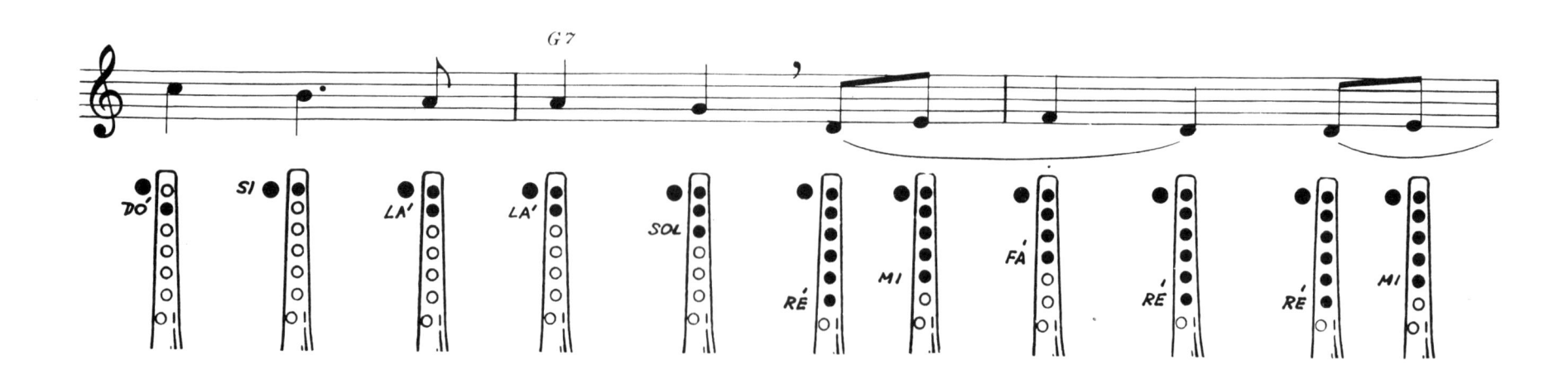

75

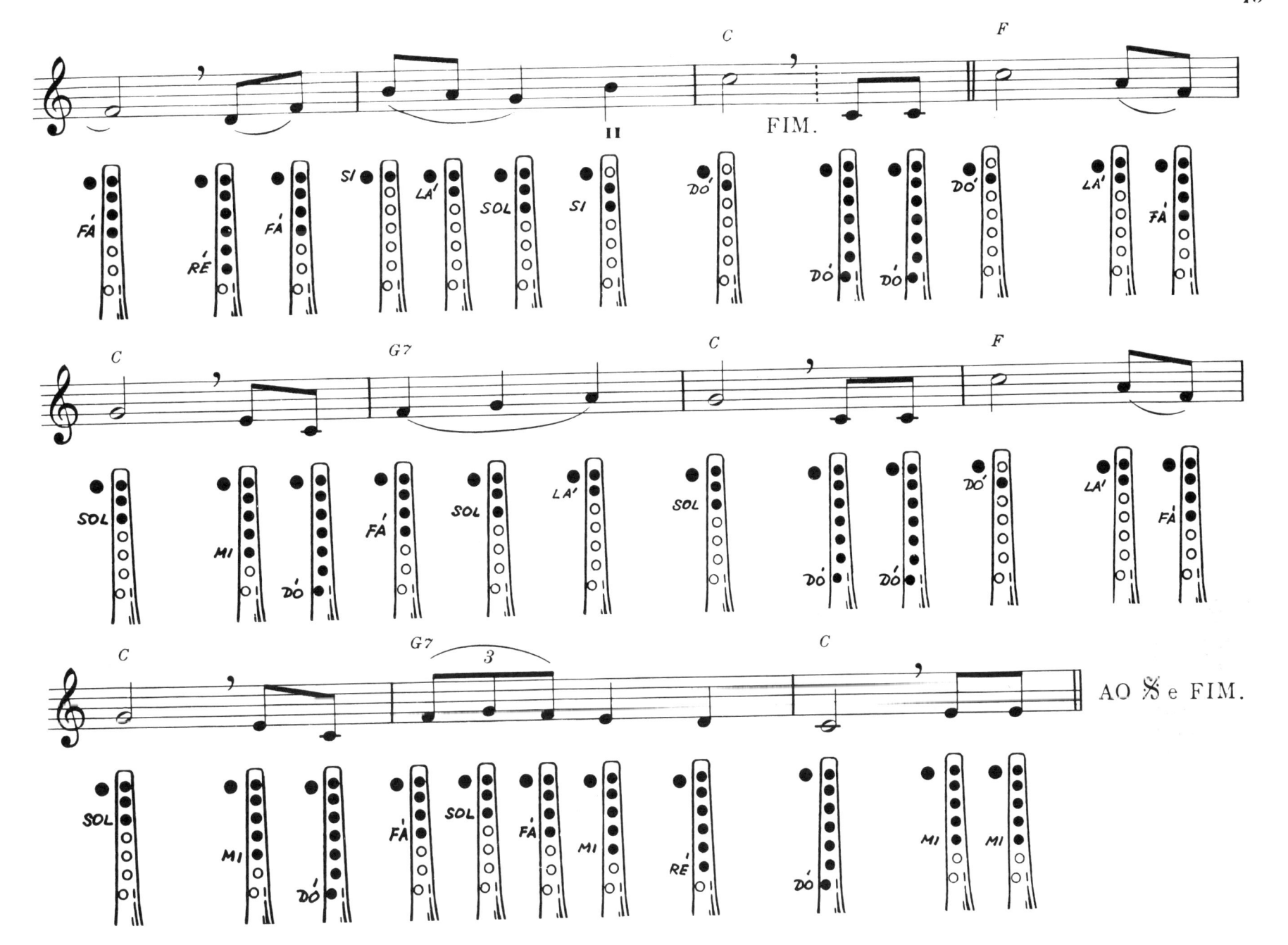

Rosas do Sul

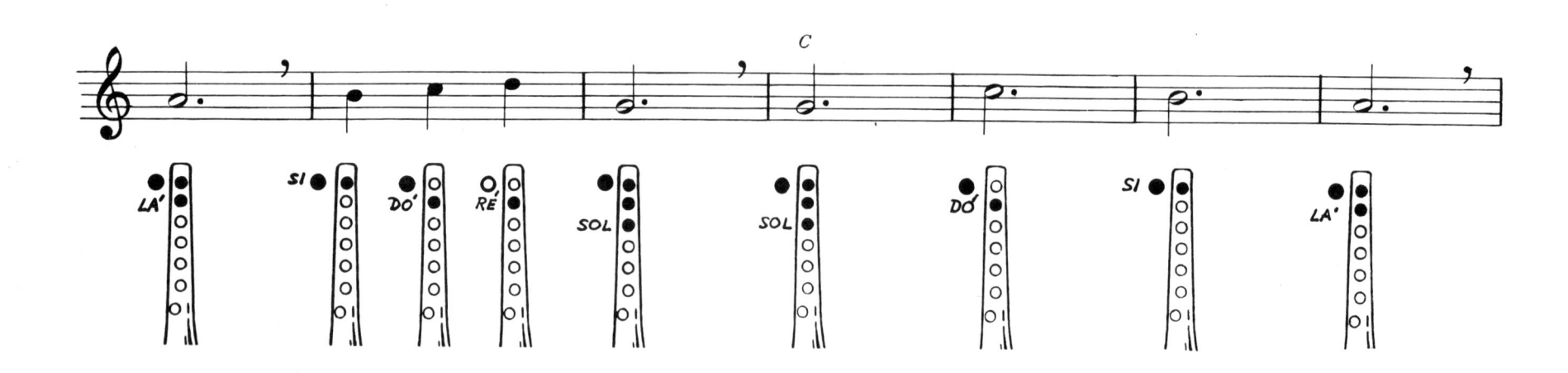

J. STRAUSS

Allegro

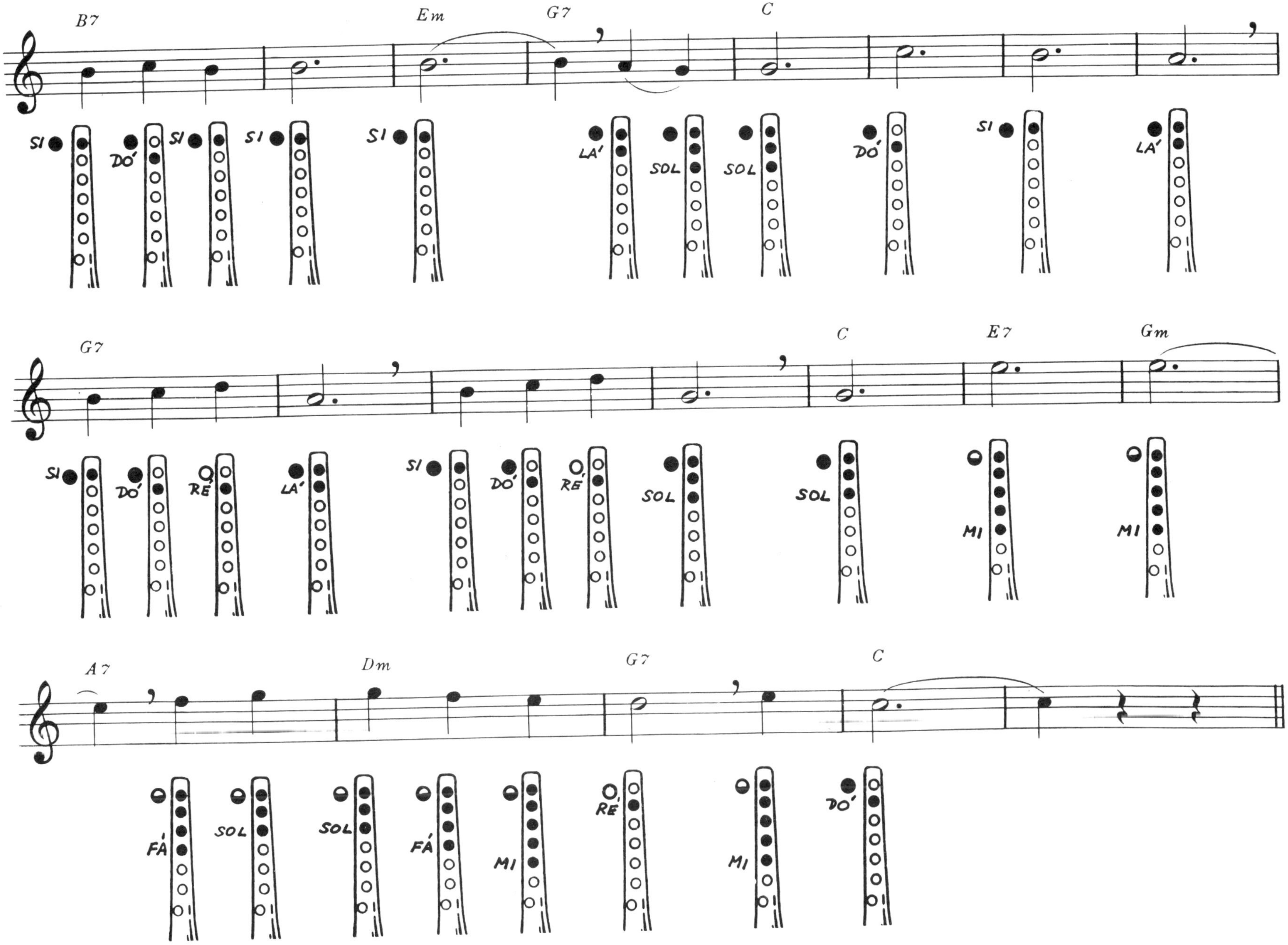
B7
Em
G7
C
SI DÓ SI SI SI LÁ SOL SOL DÓ SI LÁ
G7
C
E7
Gm
SI DÓ RÉ LÁ SI DÓ RÉ SOL SOL MI MI
A7
Dm
G7
C
FÁ SOL SOL FÁ MI RÉ MI DÓ

Valsa da Despedida

ROBERT BURNS

Folclore Irlandês

79

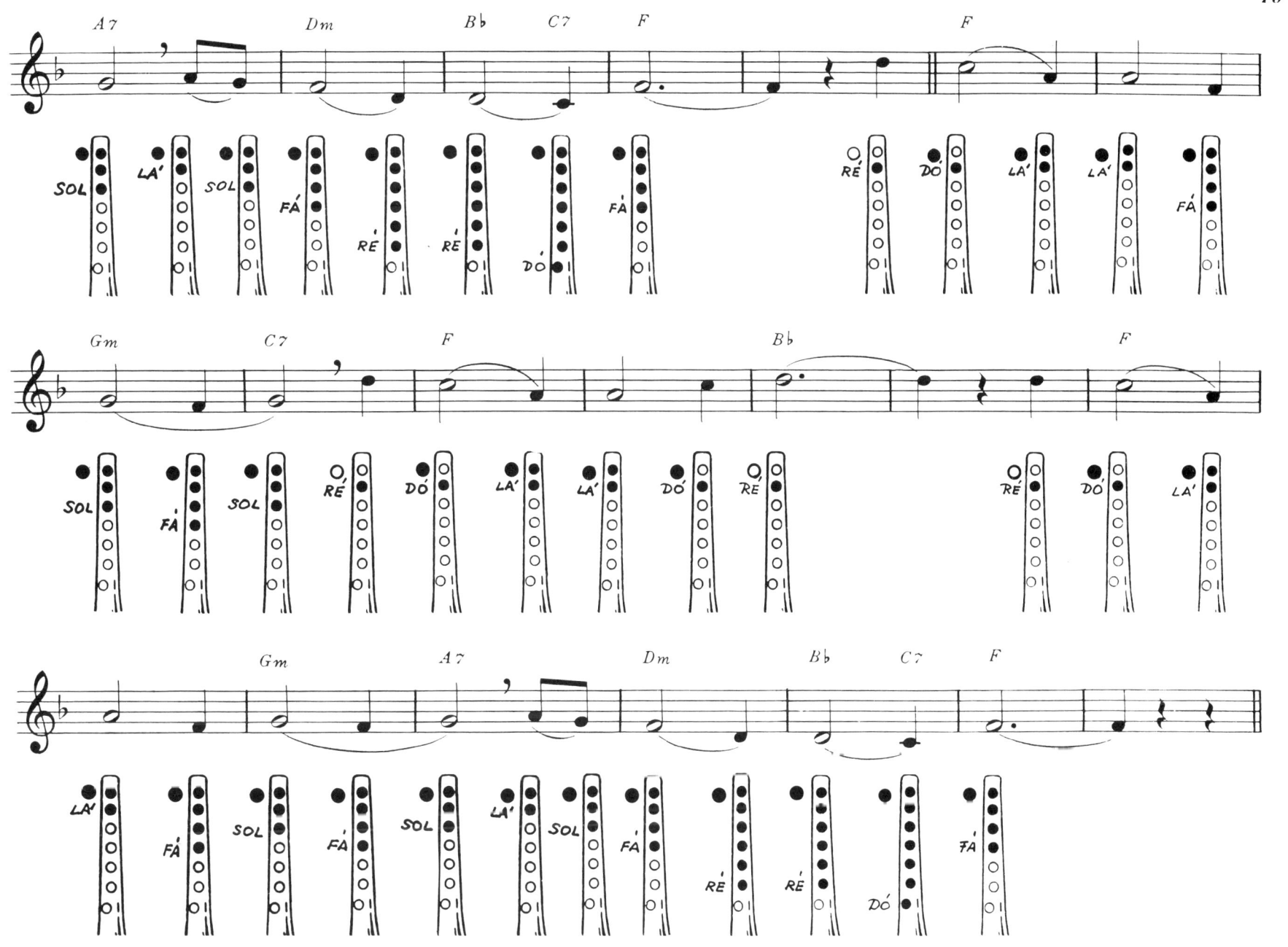

historinha da flauta doce

A Flauta foi inventada por um pastor, que a construiu de bambu ou talo de cana e a tocava para distrair-se e acalmar suas ovelhas.

Você sabia que a Flauta Doce é tocada desde o tempo da Idade Média?

Idade Média é aquele tempo em que os cavaleiros vestiam as armaduras de ferro para lutar com seus inimigos e defenderem seus reis. Havia aquelas guerras para conquistar terras e aqueles senhores (chamados senhores feudais), que mandavam em toda a gente.

A música, a literatura, enfim todas as artes ficaram paralizadas, até que tudo isso se modificasse e o homem ganhasse mais liberdade de criar.

Naquele tempo, os cantores eram denominados Menestréis ou Jograis e cantavam nas ruas acompanhados por instrumentos antigos como o Alaúde, a Flauta Doce, o Tamborim, etc.

Costumavam cantar debaixo das janelas de suas namoradas e elas, em resposta jogavam-lhes uma rosa ou outra flor qualquer.

Mas a música foi evoluindo e encontramos reis tocando flauta. Henrique VIII era um deles e a tocava muito bem.

Pois é, no começo foi assim, mas tudo passsou, a flauta venceu e hoje ela está aí, encantando e distraindo todo o mundo.

É esta a historinha da Flauta Doce; agora aprenda brincando, faça de conta que você é um pastor!

A Pastora e o Senhor

MÚSICA MEDIEVAL

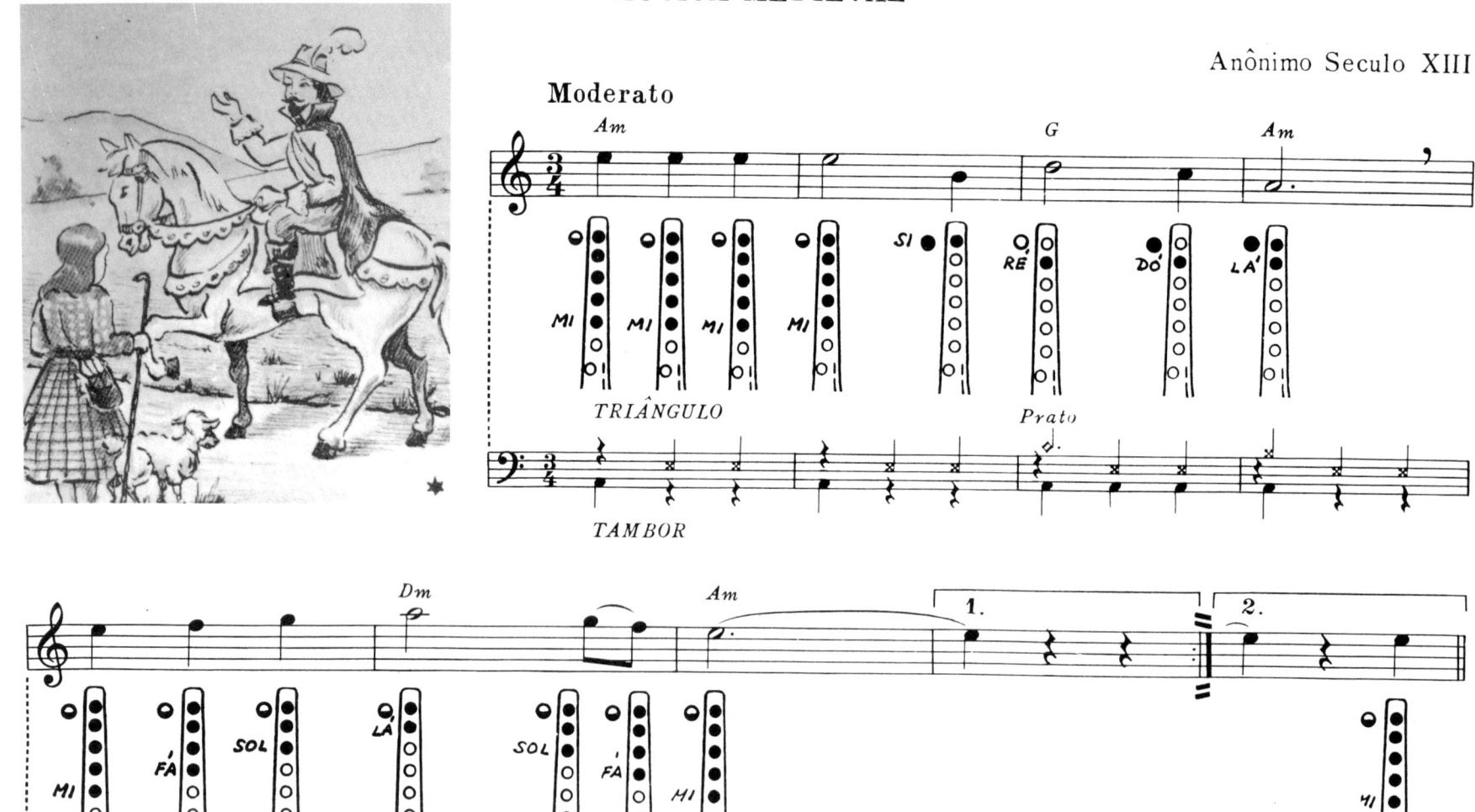

Anônimo Seculo XIII

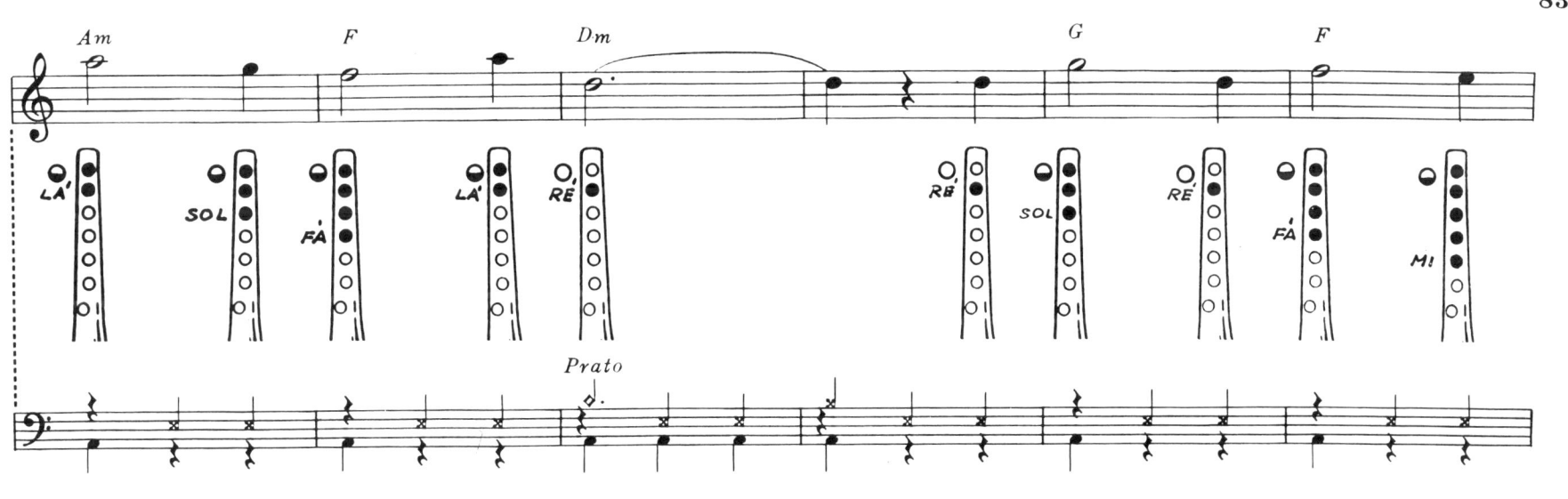

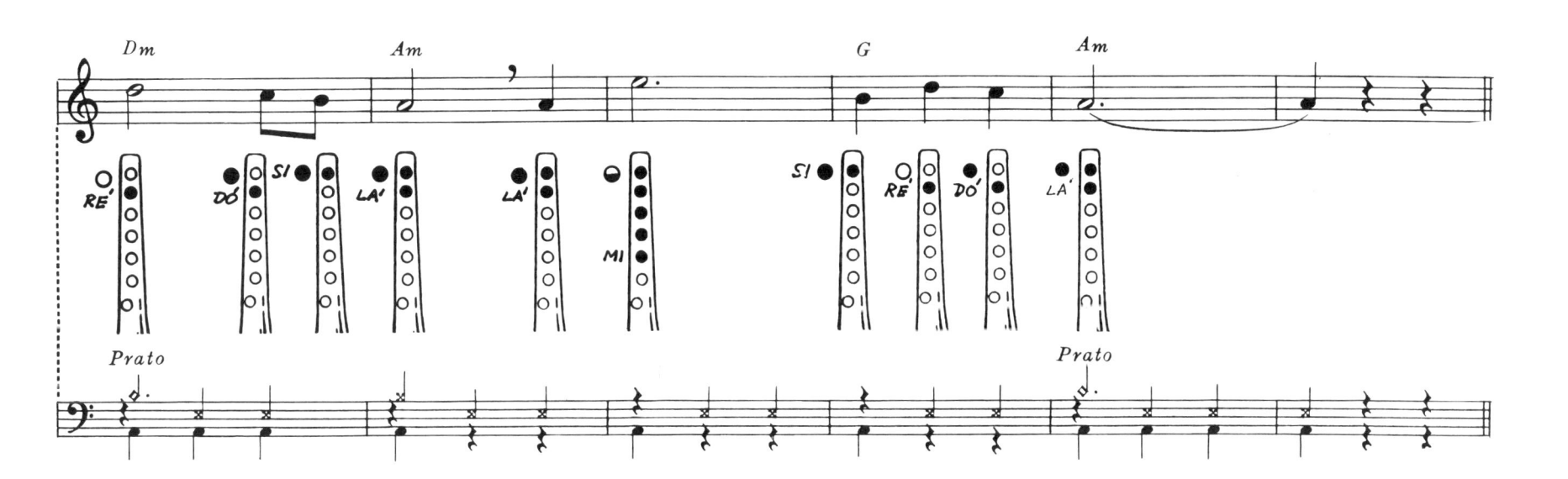

Outros instrumentos de percussão poderão ser usados, á critério do professor.

ÍNDICE

	Pág.
A GATINHA PARDA — Folclore Brasileiro	32
A PASTORA E O SENHOR — (Anônimo) Século XIII	82
ALLES NEU MACHT DER MAI — Folclore Alemão	64
ALOHA OE — Folclore do Hawai	58
ANQUINHAS — Folclore Brasileiro	16
AU CLAIR DE LA LUNE — Folclore Francês	44
ARRORÓ MI NIÑO — Folclore Argentino	50
ATIREI O PAU NO GATO — Folclore Brasileiro	30
BAMBALALÃO — Folclore Brasileiro	14
BERCEUSE — J. Brahms	74
BOI DA CARA PRÊTA — Folclore Brasileiro	40
CAI, CAI, BALÃO — Folclore Brasileiro	20
CAPELINHA DE MELÃO — Folclore Brasileiro	21
COMO TOCAR PENSANDO NAS OVELHAS	7
FURO DE TRÁS E NUMERAÇÃO DOS DEDOS	8
FRÈRE JACQUES — Folclore Francês	48
HISTÓRIA DE MOMÔ TARO	62
HISTORINHA DA FLAUTA DOCE	80
LE BON ROI DAGOBERT — Folclore Francês	46
MARCHA SOLDADO — Folclore Brasileiro	15
MOMÔ TARO, O FILHO DO PÊSSEGO — Folclore Japonês	60
MUCAMA BONITA — Folclore Brasileiro	12
MULHER RENDEIRA — Folclore Brasileiro	24

	Pág.
NA BAHIA TEM — Folclore Brasileiro	26
NOITE FELIZ — Franz Gruber	68
O CRAVO BRIGOU COM A ROSA — Folclore Brasileiro	34
O MEU BOI MORREU — Folclore Brasileiro	22
O PASTORZINHO — Folclore Brasileiro	10
O POBRE E O RICO — Folclore Brasileiro	27
O SONHO DO PASTOR	4
O TREM DE FERRO — Folclore Brasileiro	13
OH! CIRANDA, CIRANDINHA — Folclore Brasileiro	36
OH! SUZANA — Folclore Americano	52
OLD FOLKS AT HOME — Folclore Americano	54
ONDAS DO DANÚBIO — (Valsa) Ivan Ivanovici	70
OS ESCRAVOS DE JOB — Folclore Brasileiro	18
PARABÉNS PRÁ VOCÊ — Mildred J. Hill	63
RED RIVER VALLEY — Folclore Americano	56
ROSINHA DO MEIO — Folclore Português	66
ROSAS DO SUL — J. Strauss	76
SE EU FOSSE UM PEIXINHO — Folclore Brasileiro	28
TEREZINHA DE JESUS — Folclore Brasileiro	38
UMA VIAGEM AO ESTRANGEIRO	42
UM MENINO BRASILEIRO NA FRANÇA	43
VALSA DA DESPEDIDA — Robert Burns	78
VIENI SUL MAR — Canção Italiana	72

Na Capa: O PIC-NIC DOS PRÍNCIPES
Parque da cidade do RIO DE JANEIRO
Princesa: TALITA LOBO COELHO DE SAMPAIO
Príncipe: LUIZ ARTHUR DA SILVA PERES
Foto: MARCONI
Desenho: BUTH

HOMENAGEM

Ao mui caro amigo M.º JOSÉ PEREIRA DOS SANTOS, conhecedor de todos os instrumentos e também exímio executante de Flauta Doce, verdadeira alma de artista, dedico esta obra pelo grande incentivo que me deu durante a elaboração.

MÁRIO MASCARENHAS

AGRADECIMENTO

Ao excelente professor de Flauta Doce, JORGE FERREIRA DA SILVA, possuidor de um domínio absoluto deste instrumento, executando com maestria todas as peças dos três volumes desta obra, o meu mais sincero agradecimento.

Professor do Centro Educacional Calouste Gulbenkian e da Casa Milton Pianos, tem se apresentado com seus alunos com invulgar sucesso em inúmeros concertos. É um dos maiores incentivadores da Flauta Doce em nosso país.

MÁRIO MASCARENHAS

AO DESENHISTA BUTH

Ao meu amigo de muitos anos BUTH, cujos desenhos sempre alegraram meus livros, o meu muito obrigado.

MÁRIO MASCARENHAS

AO FOTÓGRAFO MARCONI

Nada mais precioso do que ter amigos artistas. O que seria de mim, sem as suas fotografias? Parabéns, MARCONI.

MÁRIO MASCARENHAS

IMPRESSO EM MARÇO/2012